hanser**blau**

PEGGY ELFMANN

MEINE ELTERN WERDEN ALT

50 IDEEN FÜR EIN GUTES MITEINANDER

hanserblau

2. Auflage 2024

ISBN 978-3-446-28137-0

Erscheint als digitales Hörbuch bei ABOD/Rbmedia,
gelesen von der Autorin
Umschlag: FAVORITBUERO, München
Motiv: © Irina Davydenko / Shutterstock
Lektorat: Doreen Fröhlich
Satz: Greiner & Reichel, Köln
Druck und Bindung: GGP Media GmbH, Pößneck
Printed in Germany

FSC
www.fsc.org
MIX
Papier | Fördert
gute Waldnutzung
FSC® C014496

WILLKOMMEN IM CLUB

Vielleicht hast du dieses Buch in die Hand genommen, weil du bemerkt hast, dass manches nicht mehr so gut funktioniert wie sonst bei deinen Eltern. Dass sich deine Mutter beim Kochen oder Backen schwertut, obwohl es ihr immer leicht von der Hand gegangen ist. Dass das Badezimmer nicht mehr so sauber zu sein scheint, wie du es von deinen Eltern kennst. Dass neuerdings Mahnungen ins Haus flattern, obwohl dein Vater die Finanzen immer routiniert im Griff hatte. Vielleicht sorgst du dich auch, weil deine Mutter am Telefon immer wieder die gleichen Fragen stellt und verwirrt wirkt. Oder du spürst, dass sie sich zurückzieht und sich nicht mehr für dich und dein Leben interessiert. Irgendwie haben sich die Dinge und euer Miteinander verändert, und mitunter denkst du vielleicht: Meine Eltern werden alt.

Möglicherweise unterstützt du deine Eltern auch schon, übernimmst Aufgaben im Haushalt, und klar, wenn sie anrufen, hörst du ihnen zu und bist mit Rat und Tat zur Stelle. Aber habt ihr euch schon mal hingesetzt und über das Älterwerden gesprochen? Darüber, wie deine Eltern diese Phase in ihrem Leben gestalten wollen? Weißt du, was sie wollen oder was ihnen Sorgen bereitet? Welche Pläne und Träume sie für ihre weiteren, ihre letzten Lebensjahre haben – und welche Erwartungen, Hoffnungen, Wünsche oder Forderungen an dich?

Ich meine jetzt nicht das Ziel für die nächste Urlaubsreise und ob es nun eine Wanderung auf dem Jakobsweg oder durch Schweden wird, sondern die langfristige Zukunft. Und zwar genau die Zukunft, die unsere Eltern eigentlich nicht möchten (und wir als Kinder auch nicht wirklich): Pflege benötigen und auf andere angewiesen sein. Hast du mit deiner Mutter und deinem Vater darüber geredet, ob sie in ein Pflegeheim ziehen möchten, und wenn ja, unter welchen Umständen? Weißt du, was ihnen in einer Pflegeeinrichtung wichtig wäre? Habt ihr geklärt, welches Familienmitglied in der Vorsorgevollmacht mit welchen Rechten betraut werden soll? Hast du dir schon einmal darüber Gedanken gemacht, welche Unterstützung du leisten möchtest und wie viel du tatsächlich bieten kannst? Hast du dich mit deinen Geschwistern, falls du welche hast, über diese Themen ausgetauscht und erfahren, wie ihre Sicht ist?

Du hast auf alles mit Ja geantwortet? Herzlichen Glückwunsch! Du bist auf einem guten Weg und könntest dieses Buch auch zur Seite legen (oder es deiner besten Freundin schenken). Oder du liest es und findest noch die eine oder andere Idee, die dir und deinen Eltern helfen kann. Da ist bestimmt etwas auch für euch dabei – und falls nicht, dann kann dir mein Buch das gute Gefühl geben, dass ihr euch so gut wie möglich mit diesem Thema auseinandergesetzt und euch vorbereitet habt. Vielleicht wollen es ja auch deine Eltern lesen? Oder deine Kinder?

Falls du nicht mit Ja geantwortet hast, tja, nun, dann … heiße ich dich herzlich willkommen im Club. Du befindest dich in guter Gesellschaft, mit so ziemlich allen erwachsenen Töchtern und Söhnen. Denn über unsere älter werdenden Eltern und das Pflegen fangen wir meist erst dann an zu reden, wenn wir längst mittendrin stecken. »Das Pflegen ist kein Thema bei uns, meine Eltern sind gesund«, höre ich oft von Freundinnen und Bekannten. Jedes Mal denke ich: »Doch, das ist ein Thema für euch! Genau jetzt ist der perfekte Zeitpunkt, um anzufangen, darüber zu reden. Eben weil noch Zeit ist und man sich in Ruhe und ohne Druck und Zugzwang austauschen kann.«

Warum ich das so sicher weiß? Weil ich den Club sozusagen gegründet habe. Als Journalistin habe ich zwar kein Problem damit, meinen Gesprächspartnern in Interviews unangenehme Fragen zu stellen und sie hartnäckig zu wiederholen, bis ich eine Antwort bekomme. Aber in meiner eigenen Familie habe ich das nicht getan. Mit meinen Eltern über das Thema Pflege zu sprechen kam mir nie in den Sinn. Warum auch? Sie waren ja gesund, fit und aktiv, mitten im Leben. Pflege – das betraf andere Menschen, aber uns nicht. Warum sich an ein schwieriges Thema wagen, wo doch alles gerade so schön ist?

Als meine Mama vor 13 Jahren die Diagnose Alzheimer erhielt, wäre ein guter Zeitpunkt gewesen, um über Pflegethemen zu sprechen. Wir hätten uns darüber austauschen sollen, welche kurz- und langfristige Unterstützung sich meine Eltern wünschen – und welche ich und auch mein Bruder leisten möchte und kann. Es hätte ein guter Anlass sein können, um darüber zu sprechen, wie man das Haus unserer Eltern barrierefrei umbauen kann, und dies in die Wege zu leiten. Oder wie sie mit den emotionalen Folgen der Erkrankung am besten umgehen können. Es wäre auch ein guter Moment gewesen, um nachzufragen, ob sie sich vorstellen könnten, in ein Pflegeheim zu ziehen. Doch plötzlich funktionierte das Reden nicht mehr. Ich wollte für meine Mama da sein und hatte gleichzeitig große Angst, sie zu verlieren. Wie hätte ich da über Pflegeheime sprechen können? Viel zu groß war meine Sorge, sie könnte denken, ich würde sie abschieben und mich nicht kümmern wollen. Nichts lag mir ferner als das.

Nicht nur ich, auch meine Eltern taten sich schwer. Mama fing an zu weinen, sobald wir über ihre Erkrankung sprachen. Papa machte sich Sorgen, traute sich aber kaum, diese zu äußern. »Es geht schon noch«, wurde sein Standardsatz, verbunden mit der Hoffnung, dass alles bleiben würde, wie es war.

Wenn ich meinen Mut zusammennahm und doch mal nachfragte, sagte er: »Das hat noch Zeit.« Und ich glaubte es nur zu gern. Meine Fragen verschob ich auf »später«, ohne zu wissen, wann dieses Später sein würde.

Eines Tages merkte ich: Es ist zu spät. Mamas Krankheit war über die Monate und Jahre fortgeschritten. Da wäre viel Zeit zum Reden gewesen, aber wir hatten es lange nicht getan. Wir wollten festhalten an dem, was noch war. Wir sprachen vielleicht auch deshalb nicht darüber, weil mit den Themen gefühlt auch der endgültige Abschied verbunden war. Und doch mussten wir uns im Laufe der Jahre immer wieder verabschieden. Fertigkeiten und Fähigkeiten verschwanden und kamen nicht wieder zurück. Gewohnheiten und Rituale veränderten sich. Ich musste immer wieder loslassen, obwohl ich es nicht wollte. Ich erinnere mich an ein Telefonat mit meiner Mama, als mir dies schmerzhaft bewusst wurde. Vor der Erkrankung hatten wir oft telefoniert und uns ausgetauscht. Aber nach der Diagnose wurde es immer weniger. Irgendwann ging Mama nicht mehr ans Telefon, aber wir konnten noch miteinander reden. Das nahm immer mehr ab, und später sprach meist nur ich, und sie reagierte mit wenigen Worten. Doch dieses Mal murmelte Mama nicht mal mehr, Papa hielt ihr den Hörer hin, aber sie ging einfach weg. »Nie wieder werden wir telefonieren«, dachte ich, und nachdem ich aufgelegt hatte, brachen die Tränen aus mir hervor. Mir wurde schlagartig bewusst, dass wir uns nie wieder wirklich unterhalten würden – und dass wir verpasst hatten, vieles zu bereden. So hatte ich keine Ahnung, wie Mama zum Thema Pflegeheim stand. Ich wünschte, ich hätte nicht solche Angst gehabt, das Gespräch darüber zu beginnen – damals, als ich dachte, das sei kein Thema für uns.

Wie bei so vielen Angehörigen hat sich das Pflegen leise und langsam in mein Leben geschlichen. Es war nicht der Tag der Alzheimerdiagnose, der mich zur Pflegenden gemacht hat, sondern die jahrelangen Veränderungen. Im Laufe der vergangenen Jahre haben mein Bruder und ich mehr und mehr Verantwortung für Mama und auch für Papa übernommen und viele Aufgaben erledigt. Wir sind immer noch die Kinder unserer Eltern (und werden dies immer bleiben), aber doch hat sich etwas geändert: Bis dahin hatten unsere Eltern meist uns unterstützt, und wie selbstverständlich ging ich davon aus, dass dies so bleiben würde.

Doch nun waren wir es, die immer häufiger Rat und Hilfe gaben. Wir mussten Entscheidungen treffen, weil Mama es nicht mehr verstand und es Papa überforderte. Wir wollten das Beste für sie und wussten doch manchmal gar nicht, was das überhaupt ist. Unser größter Stolperstein war sicher, dass wir über viele Themen nie gesprochen hatten. War es wirklich richtig, was wir taten? Ich zweifelte oft und hätte für vieles gern die elterliche Erlaubnis gehabt. Selbst als klar war, dass wir Mama daheim nicht mehr so betreuen konnten, wie sie es brauchte, fühlte ich mich wie eine Verräterin, sie im Pflegeheim anzumelden. Ich hätte mir gewünscht, von ihr zu hören, dass es für sie okay gewesen wäre.

Oft hatte ich das Gefühl, dass wir mit unserem Handeln der Krankheit und den damit einhergehenden Veränderungen hinterherjagten. Wir fingen immer erst dann an, uns bestimmten Themen zu nähern, wenn die Herausforderungen längst unübersehbar waren. Umbauen oder nicht – diese Frage stand lange im Raum. Mama fiel es zunehmend schwerer, die Treppen im Haus zu gehen. »Das geht schon noch«, meinte Papa, der sich so schwer mit Veränderungen tat, auch zu diesem Punkt. Erst als es beinah eskalierte und gefährlich wurde, begannen wir den barrierefreien Umbau. Am Tag danach ärgerte ich mich, dass wir dies nicht schon vor Jahren getan hatten. Wir hätten uns und vor allem meiner Mama sehr viel Stress mit dem Treppengehen ersparen können.

Es ist beispielhaft: Wir wollen die Veränderungen durch das Alter nicht, aber sie lassen sich nicht aufhalten. Wir stehen vor Fragen, die so unangenehm sind, dass wir sie lieber verdrängen möchten, aber wir müssen eine Entscheidung fällen. Sie nicht anzugehen und weiter vor uns herzuschieben ist keine Alternative. Denn die Veränderungen kommen so oder so. Sie nicht zu thematisieren kann sie nicht aufhalten, wir machen es uns nur schwerer – und nehmen uns die Chance, möglichst viel selbst bestimmen und gestalten zu können.

Ich weiß, wie herausfordernd es ist, solche Gespräche zu führen – für alle Beteiligten. Als Kind ist es schwierig, zu akzeptieren, dass die Eltern Hilfe benötigen, und beginnende Defizite anzusprechen. Als Eltern tut es weh, zu merken, dass manches nicht mehr klappt wie gewohnt und dass man von anderen zunehmend abhängig wird. Wenn Eltern älter werden, gleicht das für alle Beteiligten einem Balanceakt: Es braucht Kinder, die hinschauen, Mitgefühl aufbringen und taktvoll reden, und es braucht Eltern, die das Gewohnte los- und sich auf Neues einlassen. Das klingt so simpel und sagt sich schnell, doch das ist es nicht. Es erfordert viele Gespräche, Mut und Geduld. Spätestens wenn die eigenen Eltern alt und hilfebedürftig werden, verändern wir uns in der Rolle als Kind. Es ist ein Entwicklungsprozess, der zu Konflikten führen und mit Gefühlen wie Trauer, Angst oder Wut einhergehen kann. Die Rollen kehren sich nicht um: Deine Eltern bleiben immer deine Eltern und du immer ihr Kind. Aber als Kinder tragen wir nun auch Verantwortung für unsere Eltern – und genau das ist Pflegen.

Mit diesem Buch möchte ich dir auf deinem Weg bei der Begleitung deiner Eltern zur Seite stehen. Es hilft dir, das Thema frühzeitig anzugehen, und liefert dir dazu 50 Ideen. Du kannst sie nacheinander in einem Rutsch lesen, oder du pickst dir die heraus, die dich zum jetzigen Zeitpunkt besonders interessieren. Es sind allesamt Anregungen und Tipps, die ich durch Erfahrungen mit der Begleitung meiner Eltern sowie durch Gespräche mit anderen Angehörigen, Pflegenden und Fachleuten gesammelt habe. Seit Jahren widme ich mich als Journalistin den Themen Pflegen und Demenz und bin nimmermüde, auf die Rolle der Angehörigen hinzuweisen. Auf meinem Blog »Alzheimer und wir« sowie im Podcast »Leben. Lieben. Pflegen«, den ich für Desideria Care – einen Verein für Angehörige von Menschen mit Demenz – zusammen mit Familiencoach Anja Kälin mache, beschäftige ich mich damit.

Sich um die Eltern zu kümmern – das wird in unserer Gesellschaft erwartet. Viel mehr noch: Es wird eingefordert, und oft bleibt eigentlich keine Wahl, denn es fehlt an Angeboten für Pflegebedürftige und auch für pflegende Angehörige. Ja, viele Töchter – und auch Söhne – tun dies gern für ihre Eltern. Doch das Pflegen bringt viele an die eigenen Belastungsgrenzen – und das hat auch gesellschaftliche und politische Gründe. Pflegen, Betreuen und Kümmern, das findet meist in den Familien statt, nebenbei, ungesehen und unbezahlt. Vier von fünf Pflegebedürftigen werden zu Hause betreut, in der Hälfte der Fälle nur von der Familie. Pflegende Angehörige werden auch als »der größte Pflegedienst der Nation« bezeichnet. Je nach Definition zählen dazu in Deutschland zwischen 5,3 und 8 Millionen Menschen. Auch in Österreich und der Schweiz zeigen sich ähnliche Entwicklungen. In Österreich widmen sich rund 950 000 Menschen der Pflege und Betreuung eines Angehörigen oder Bekannten, das ist jede zehnte Person; in der Schweiz betreuen laut Statistik rund 600 000 Personen ihnen Nahestehende (Schätzungen liegen deutlich höher). Es sind überall vor allem die Frauen in der Familie, die diese Aufgabe übernehmen.

Auch hier variieren die Zahlen: von 60 bis 80 Prozent. Männer pflegen vor allem dann, wenn ihre Partnerinnen betroffen sind. Ist ein Elternteil pflegebedürftig, so kümmern sich meist die Töchter (oder Schwiegertöchter). Pflegen wird oft nebenbei erledigt, zusätzlich zur Berufstätigkeit und häufig auch aus der Ferne. Aber: Pflegen ist nichts, das man nebenbei tun kann.

Es fehlt an gesellschaftlicher und politischer Unterstützung – Pflegen ist und bleibt eine Familienaufgabe. Der Begriff Pflege wird oft gleichgesetzt mit der körperlichen Pflege, also etwa dem Unterstützen beim Waschen, Ankleiden und Essen, aber dazu gehört viel mehr: den Haushalt führen, einkaufen, kochen, putzen, Arzttermine organisieren, zum Arzt begleiten, Medikamente geben, Hilfsmittel recherchieren und besorgen … Du kannst die Liste gern ergänzen, sie scheint nie zu enden. Pflegen, das kann eine vorübergehende Aufgabe sein, etwa nach einem Unfall oder während der Genesung von einer heilbaren Krankheit, aber oft hat sie mit einer ernsthaften, zunehmenden Krankheit im Alter oder auch dem Alter selbst zu tun. Vielleicht lässt es sich auch in einem Satz sagen: Pflegen bedeutet, für eine andere Person zu sorgen. Und das fängt lange an vor dem, was gemeinhin mit Pflege verbunden wird. Wie genau ihr diese Phase ausgestaltet, kommt also auch auf euch als Familie an. Das Pflegen wird ein wenig leichter, wenn wir uns darauf vorbereiten und anfangen, darüber zu reden, in der Familie und mit anderen, und erste Maßnahmen umzusetzen.

Mit diesem Buch möchte ich dir Stolpersteine sichtbar machen. Und vor allem möchte ich dir Mut machen und dir Zuversicht schenken. Ganz konkret unterstützen dich die Tipps dabei, *miteinander gut zu kommunizieren* und einander besser zu verstehen (Teil I). Die Basis für eine gute Beziehung liegt im Zuhören und Wertschätzen – und du erfährst, wie ihr als Familie dies machen könnt. Wenn die Eltern älter werden und Pflege benötigen, schauen wir sehr oft auf das, was nicht mehr geht, und betrauern die Verluste. Viel wirkungsvoller ist es jedoch, die Ressourcen zu suchen und diese zu nutzen und zusammen *schöne Dinge zu erleben* (Teil II). In diesem Buch gebe ich dir ein paar Ideen, welche das sein können. Hier kommt auch die Lebensgeschichte deiner Eltern ins Spiel. Im Austausch über ihre Biografie, ihre Kindheit und die Familie kannst du nicht nur mehr über sie erfahren, sondern auch über dich.

Du findest auch Erklärungen zu *wichtigen Unterlagen*, um die du und deine Eltern euch kümmern solltet (Teil III). Vielleicht hast du ja schon von der Vorsorgevollmacht oder der Patientenverfügung gehört. Aber worauf kommt es dabei an? Was solltet ihr bedenken? Einige Schritte drehen sich um *praktische Veränderungen im Zuhause* deiner Eltern, die es braucht, damit sie möglichst lange daheim wohnen können (Teil IV). Mit der Fürsorge für deine Eltern verändern sich deine Aufgaben und vermutlich auch deine Arbeitslast. Dazu kommt: Egal, wie gut du dich vorbereitest, Pflegen verlangt emotional enorm viel. Mitzuerleben, dass die Eltern schwächer und hilfloser werden, rückt oft Gedanken an das Sterben und den Tod näher. Meine Mama lebte zwölf Jahre mit Alzheimer, die Beschwerden nahmen stetig zu. Mir war klar, dass solch eine Krankheit lebensverkürzend ist, und doch konnte ich die Nachricht von ihrem Tod nicht glauben. Wie bitte soll man sich darauf vorbereiten, dass ein Mensch, der einen ein ganzes Leben begleitet hat, eines Tages nicht mehr da sein wird? Ich weiß es nicht – und habe in den vergangenen Monaten in der Trauer um meine Mama erlebt, wie groß das Loch sein kann, in das man fällt. Aber ich habe auch gemerkt: Es ist so wichtig, auf sich zu achten, und zwar von Anfang an. Selbstfürsorge fand ich oft überbewertet, »keine Zeit dafür«, dachte ich. Aber: Füreinander sorgen, das ist etwas, das vom Miteinander lebt. Wie willst du gut für jemanden sorgen, wenn du es nicht für dich selbst tun kannst? Deshalb findest du in diesem Buch Anregungen, die dir helfen, *deine eigene Rolle zu finden*, und die dich *vor Überforderung schützen* können (Teil V).

Ich kann dir leider kein Patentrezept liefern und keine Anleitung, die du als Blaupause nutzen kannst. Jede Pflegesituation unterscheidet sich in den Herausforderungen und Bedürfnissen und benötigt individuelle Lösungen. Das ist schon so, weil jeder Mensch in einer anderen Situation lebt, wir uns in unseren Lebenserfahrungen und unseren Persönlichkeiten unterscheiden. Auch Krankheiten verlaufen nicht nach einem festem Schema. Pflegen ist nichts, was du einmal planst und dann geradlinig in Angriff nimmst. Zum Pflegen gehören Flexibilität und Offenheit, aber auch Zeit und Mut, sich auf neue Wege einzulassen.

Ich möchte dir das Kümmern ein wenig leichter machen. Dieses Buch ist eine kleine Schatztruhe mit 50 Ideen, in verschiedenen Themenbereichen zusammengefasst. Manche wirst du vielleicht nur ein einziges Mal umsetzen, andere immer wieder. Manche wirken sofort, andere langfristig. Du meinst, du brauchst das noch nicht? Oder deine Eltern möchten sich nicht mit dem Thema beschäftigen? Sicher könnte ich dir sagen, wie mein Vater es lange getan hat: »Das hat noch Zeit.« Aber die Fakten sprechen eine andere Sprache: Die Wahrscheinlichkeit, im Alter pflegebedürftig zu werden, ist hoch, egal ob wir uns damit auseinandersetzen oder nicht. Abzuwarten nimmt dir wichtige Chancen. Je offener wir uns über das Pflegen austauschen, und je früher wir Veränderungen angehen, umso besser wird es gelingen, gute Lösungen für und mit unseren Eltern zu finden. Traut euch, sprecht darüber, probiert die ein oder andere Idee aus – und findet euren Weg.

Ich wünsche dir von Herzen alles Gute dafür!

Deine Peggy

INHALT

I. Gut miteinander in Kontakt bleiben
19

II. Miteinander schöne Dinge erleben
61

III. Praktische Veränderungen anpacken
97

IV. Regelt wichtigen Papierkram
133

V. Finde deine eigene Rolle
161

Danksagung
199

Anhang
201

50 IDEEN

1. Schaut in die Zukunft – und sprecht über eure Wünsche
2. Stelle diese eine Frage – und höre einfach zu
3. Macht eine Gesundheits-Challenge – und geht zur Vorsorge
4. Beobachtet aufmerksam – und holt eine Diagnose
5. Führt Familienkonferenzen ein – und holt alle an einen Tisch
6. Tauscht mal die Plätze – und erlebt eine neue Perspektive
7. Verbringt Zeit miteinander – und geht auf Augenhöhe
8. Bildet Banden – und schafft ein Netzwerk aus Helfenden
9. Frage um Rat – und schenke ein gutes Gefühl
10. Mach ein Kompliment – und gib Wertschätzung
11. Packt eine Kiste – und legt Herzensgegenstände hinein
12. Kocht gemeinsam – und erfahre mehr über die Kindheit deiner Eltern
13. Veranstaltet einen Spielenachmittag – mit den alten Kinderspielen
14. Sammelt die Lieblingsmusik – und sorgt für Freude
15. Buddelt zusammen im Garten – und nutzt die Kraft der Natur
16. Zeichnet einen Familienstammbaum – und findet eure Wurzeln
17. Erkundet die Alltagsorte – und geht auf einen Kaffee ins Pflegeheim
18. Verreist gemeinsam – und entdeckt die Orte der Kindheit
19. Findet ein neues Hobby – und haltet das Gedächtnis fit
20. Leert ein Marmeladenglas – und füllt es mit feinen Momenten
21. Mach das Foto – und halte Erinnerungen fest
22. Findet Routinen – und freut euch aufeinander
23. Packt eine Reisetasche – und stellt sie in die Ecke
24. Macht einen Treppencheck – und findet Stolperfallen
25. Wandert nachts durchs Haus – und sorgt für Sicherheit

26. Geht mal ins Badezimmer – und zwar gemeinsam
27. Sorgt für ein Küchen-Update – und schafft Orientierung
28. Verschenke eine Fahrstunde – und testet die Fahrsicherheit
29. Fahrt Taxi, Bus oder Rad – und findet Alternativen zum Autofahren
30. Bringt Ordnung ins Chaos – mit einem Farbschema
31. Telefoniert übers Tablet – und erforscht die digitale Welt
32. Meldet euch in einem Sportverein an – und trainiert das Gehirn
33. Macht eine Modenschau – und sorgt für Ordnung im Kleiderschrank
34. Holt die Fußpflege nach Hause – und lernt, Hilfe anzunehmen
35. Setzt eine wirksame Vollmacht auf – auch deine eigene
36. Sorgt vor – mit einer Betreuungsverfügung
37. Stellt euch den großen Fragen – und setzt die Patientenverfügung auf
38. Wagt den Blick auf das Ende – und sprecht über eure Vorstellungen
39. Klärt die Finanzen – denn Pflegen kostet
40. Bereitet den Notfall vor – und sorgt für Sicherheit
41. Macht ein Medikamenten-Update – immer wieder
42. Sammelt Wichtiges an einem Ort – für eine gute Übersicht
43. Sei dein eigener Detektiv – und finde dein Warum
44. Erstellt sinnvolle To-do-Listen – und lernt abzugeben
45. Schreibe deine Not-to-do-Liste – und schaffe dir Zeit
46. Macht Fehler – und sprecht darüber
47. Schreibe einen Brief an dich – so wie einer guten Freundin
48. Schreibe einen Brief an deine Eltern – und lernt euch neu kennen
49. Suche dir Vorbilder und Verbündete – für deine eigene Bande
50. Setz dich ans Fenster – und schenke dir Zeit und Ruhe

I.

GUT MITEINANDER IN KONTAKT BLEIBEN

1. SCHAUT IN DIE ZUKUNFT – UND SPRECHT ÜBER EURE WÜNSCHE

In jungen Jahren schmieden wir gern Zukunftspläne und scheuen uns auch nicht, unsere Wünsche anderen mitzuteilen. »Ich werde mal Zirkusartistin«, verkündet meine jüngste Tochter neuerdings voller Überzeugung. Seit Wochen übt sie den perfekten Radschlag im Wohnungsflur. Ihre Hände sind voller Schwielen vom Turnen und Schwingen auf der Kletterstange. Täglich spricht sie über ihren Wunsch und tut mit großer Begeisterung so einiges, um ihn wahr werden zu lassen. Vermutlich möchten du und deine Eltern genauso sehr Zirkusartistin werden wie ich – nämlich gar nicht –, und doch können wir uns von meinem Kind etwas abschauen: über Wünsche für die Zukunft zu sprechen, erste Schritte zu unternehmen und beharrlich dranzubleiben. Natürlich kann ich mir vorstellen, dass es deinen Eltern – und auch dir – deutlich schwerer fällt, zuversichtlich in die Zukunft zu schauen. Alt werden, das möchten wir, aber alt sein und Unterstützung von anderen benötigen, das eher nicht. Pflegen, das hat in unserer Gesellschaft etwas Tabu- und Schambehaftetes, es bringt Bilder von hilflosen, gebrechlichen Menschen auf – und schürt oft die Angst vor dem Verlust der Selbstbestimmung, der Intimsphäre und auch der Würde sowie vor Schmerz und Leid. Wen es nicht persönlich betrifft, der umgeht das Thema, nach dem Motto »Wenn wir nicht darüber reden, wird es uns nicht treffen«.

Als meine Mama die Diagnose Alzheimer-Demenz erhielt, schien die Zeit stillzustehen. In den ersten Wochen danach haben wir uns immer wieder die bange Frage gestellt: »Wie soll es nun weitergehen?« Aber niemand wusste eine Antwort. Natürlich, wer sollte die auch haben bei einer fortschreitenden Erkrankung wie Alzheimer … Uns allen fiel es schwer, in Worte zu fassen, wie es uns mit dieser Diagnose ging, wie wir uns fühlten. Wir konnten kaum ernsthaft darüber reden, welche Möglichkeiten es gab: Wollten meine Eltern in jedem Fall zu zweit daheim wohnen bleiben? Könnte eine Betreuungskraft einziehen und sie versorgen? Wäre ein Pflegeheim eine gute Lösung oder betreutes Wohnen? Oder eher eine Demenz-WG? Inwieweit konnten mein Bruder und ich aus der Ferne, mit je gut 350 Kilometern Entfernung, helfen? Wäre ein Umzug zu einem von uns nicht besser? Und wann wäre dafür der beste Zeitpunkt?

Es ging uns damals vor allem darum, zu halten, was ist, und irgendwie den Schein zu wahren, nach außen und auch nach innen. Ja, Mama war an Demenz erkrankt, aber wir wollten es nicht wahrhaben. Wir wollten diese Krankheit nicht akzeptieren. Alles sollte bleiben, wie es ist, am besten für immer. Ein Wunsch, den du möglicherweise auch hast, aber wenn die Dinge anfangen, sich zu verändern, ist Stillstand weder möglich noch hilfreich. Die Diagnose Demenz machte mir Angst, weil ich damit schreckliches Vergessen, Einsamkeit im Pflegeheim und Sterben verband. Doch der Verlauf war, wie bei vielen Demenzerkrankungen, langsam. Die Krankheit schritt über viele Jahre voran, fast 13 waren es, bis meine Mama starb. Sie verlernte in dieser Zeit beinah alles, was uns sehr lange sehr traurig machte, aber wir lernten dazu. Wir konnten die Diagnose nicht ändern, doch vieles gestalten, damit es ihr gut ging.

Wenn die Eltern älter werden, wenn wir merken, dass etwas nicht mehr so gut funktioniert, sprechen wir viel über das Hier und Jetzt und bemängeln, dass es »nicht mehr wie früher« ist. Das ist normal, wir Kinder geraten dann in die sogenannte filiale Krise. Auch wenn wir längst erwachsen sind, zeigen die Beziehungen oft noch kindliche Muster. Werden die Eltern hilfebedürftig, und fangen wir als Kinder an, Verantwortung für sie zu übernehmen, ist das »ein Beziehungswandel, der im Idealfall in die filiale Reife mündet«, so schreiben es die Autorinnen Cornelia Kazis und Bettina Ugolini in ihrem Buch *Alte Bande.* Dieser Entwicklungsschritt sei der Abschied von der Kindheit und eine grundlegende Veränderung – und wie jede Veränderung kann diese verunsichern. Wir können nicht länger Kind sein, weil wir Verantwortung für unsere Eltern übernehmen, und wünschen uns doch oft, die kindliche Geborgenheit zu bewahren. Stattdessen heißt es: den Eltern auf Augenhöhe begegnen, ein erwachsenes Verhältnis zu ihnen entwickeln und die Muster der Kindheit hinter uns lassen. Diese Veränderung betrifft beide Parteien, und möglicherweise geht es dir mit deinen Eltern wie mir mit meinen.

Nach der Diagnose schritt die Demenz erst langsam voran, später immer schneller. Ich hatte es verpasst, mit Mama über so vieles zu sprechen, und nahm mir vor, dies mit Papa besser zu machen. Doch wenn ich ihn etwas fragte, wurde er wortkarg. Er wollte nicht darüber nachdenken, dass auch er mal krank werden könnte oder im Alter Hilfe benötigen würde. Von ähnlichen Erfahrungen berichten Freundinnen und Bekannte: über Hilfe im Alter und Pflegen, darüber möchten Eltern sich meist nicht unterhalten. »Das hat doch noch Zeit«, antwortete mein Papa immer, wenn ich mutig das Thema anschnitt. Er wirkte bisweilen verärgert, so als würde ich ihm nichts mehr zutrauen, und wehrte das Gespräch ab. Mir ging es darum, mich vorzubereiten und dem Ganzen offen zu nähern, er wollte nicht reden. Vielleicht machte es ihm Angst, denke ich heute. Und doch: Nicht zu reden hält Veränderungen ja nicht auf.

Sicher, weder du noch deine Eltern können in die Zukunft schauen. Es gibt keine Glaskugel, die wir konsultieren können, die uns vorhersagt, was die Zukunft bringt, und uns am besten noch einen maßgeschneiderten Leitfaden mitgibt. Aber es hilft uns, wenn wir den Scheinwerfer unserer Aufmerksamkeit immer mal wieder umschwenken und nach vorn richten. Wenn wir nicht nur auf das blicken, was mal war, sondern auf das, was deine Eltern – und auch dich und deine Geschwister – erwarten könnte.

»Häufig kommt es zu Diskussionen und Streitereien, wenn Eltern pflegebedürftig werden. Einer der Hauptgründe ist, dass die Eltern nicht kommuniziert haben, wie sie es gern hätten«, sagte mir Prof. Sabine Engel, Professorin für Gerontologie, in einem Interview, das ich mit ihr für einen Artikel geführt habe. Den Kindern bleibe dann nichts übrig als Mutmaßungen, begleitet von unausgesprochenen und mitunter falschen Erwartungen und eigenen Erfahrungen. Ich behaupte mal: Die meisten Eltern sind sich dessen gar nicht bewusst. Sie haben ihre Wünsche und Erwartungen nicht aus Unwillen nicht kommuniziert, sondern weil sie diese selber nicht kennen. Weil sie Angst vor dem Thema haben, weil sie nicht alt werden wollen, weil sie doch noch fit und gesund sind … Vielleicht melden sich in solch einer sich verändernden Situation auch alte Verletzungen aus der Kindheit und schwierige Erfahrungen mit den Eltern zu Wort, treten ungelöste Konflikte und emotionale Prägungen zutage.

Bei der Frage nach der Zukunft und den Erwartungen geht es nicht nur um die deiner Eltern, es geht auch um deine eigenen. Die Muster unserer Kindheit spielen in der Pflege unserer Eltern eine große Rolle, viel mehr, als uns lieb oder gar bewusst ist. Wenn wir keine Informationen von unseren Eltern haben, dann greifen wir auf Bekanntes, Gegenwärtiges und Vermutungen zurück, um uns zu orientieren – und das kann auch auf Irrwege führen. Beispielsweise: Zu wissen, wie sehr die Mutter an ihrem Haus hängt, bringt die Tochter dazu, alles Mögliche zu versuchen, dass die Mama dort wohnen bleiben kann, auch wenn das für sie selbst heftige Einschränkungen bedeutet. Aber vielleicht hätte die Mutter nie gewollt, dass die Tochter ihren Beruf, ihren Kinderwunsch, ihren Freundeskreis aufgibt? Sicher ein Extrembeispiel, und doch zeigt es: Pflegen braucht Kompromisse, und diese lassen sich am besten gestalten, wenn sich die Beteiligten über Wünsche, Erwartungen und Grenzen austauschen.

Wie gehst du also so ein Gespräch richtig an? Nehmt euch Zeit, vielleicht auch nur zu zweit. Ehrliches Interesse ist eine gute Basis. Wenn ich mich an erste Gespräche mit meinen Eltern erinnere, nach der Diagnose, dann weiß ich rückblickend, dass ich diesen Rat oft nicht befolgt habe. »Also, Papa, wie sollen wir das jetzt machen?«, führte zu einem Gespräch, das eher wie ein Verhör anmutete als ein Austausch. Ich hatte Angst, war ungeduldig und wollte alles sofort geregelt haben, wollte eine schnelle und zuverlässige Lösung für unser »Problem«. Ich dachte, ich könnte mal eben mit meinem Papa das Thema Pflegeheim klären. Aber anstatt mir zu antworten, reagierte er abwehrend. Ich war genervt; unnötig zu sagen, dass ich auch danach keine Antwort hatte. Ich verstand, dass mein Papa selber keine Lösung hatte. Und vielleicht geht es deinen Eltern ähnlich: Sie wissen nicht, was sie sich für diese Zukunft wünschen, weil sie darüber nicht informiert sind und nicht darüber nachgedacht haben. Vielleicht verspüren sie auch eine gewisse Resignation nach vielen gelebten Jahren, vielleicht haben sich Lebensträume nicht erfüllt, sind sie einfach müde oder fürchten sich vor dem Tod. Vielleicht verdrängen sie den Gedanken aus anderen Gründen. Mein Papa wollte nicht darüber nachdenken, dass er selbst Pflege bräuchte, weil damit einherging, dass er sich nicht mehr um Mama kümmern könnte.

Die Frage nach der Zukunft erfordert eine Strategie der Babyschritte. Mein Tipp: Fang an, von dir zu reden. Vielleicht gibt es ja einen aktuellen Anlass oder eine Erinnerung an früher, mit der du einsteigen kannst, beispielsweise: »Im Nachbardorf wird gerade ein Bauernhof zu betreuten Wohnungen umgebaut. Da würde ich gern wohnen, wenn ich mal Pflege benötige.« Oder: »In letzter Zeit denke ich oft an Oma Irmgard, die erzählt, dass sie einsam ist, weil sie aus ihrer Wohnung im dritten Stock nicht mehr rauskommt. Ich würde da lieber umziehen wollen.«

Fang bei dir an und sprich darüber, was du dir für deine Zukunft vorstellst und wünschst. Vielleicht fallen deine Eltern mit ein, vielleicht brauchen sie noch Zeit. Gib ihnen diese Zeit und frage immer mal wieder, damit sie ihre Scheinwerfer nach vorn richten. Ganz ehrlich, solche Gespräche fallen nicht leicht, schon gar nicht, wenn ihr sie bislang nicht geführt habt.

Es war an einem ruhigen Tag, Mama war gerade in der Tagespflege, als ich meinen Vater noch einmal ansprach, dieses Mal mit etwas mehr Ruhe und Zeit. Mich kostete es viel Mut, die Zukunft und das Thema Pflege mit ihm auf den Tisch zu bringen. Doch er machte dicht. Vielleicht wären wir auch dieses Mal nicht weitergekommen, hätte ich nicht gesagt, dass ich mir Sorgen mache, weil ich nicht weiß, was er sich wünscht und was ihm wichtig wäre, und dass ich Angst habe, den Zeitpunkt für ein Gespräch wieder zu verpassen. Zu sagen, dass ich mich sorge, war der Start für einen ehrlichen Austausch. Nein, wir sind damals nicht zu einem Ergebnis gekommen, aber es war der Beginn. Diesem Gespräch folgten viele weitere, mal nur zu zweit, oft mit meinem Bruder. Ich versuchte geduldig zu bleiben, aber manchmal war ich nur genervt, mal weinte ich. Über das Pflegen zu sprechen fällt schwer, denn es geht auch ums Abschiednehmen. Niemand kann dir sagen, was die Zukunft bringt, und all die Wünsche und Pläne dafür brauchen immer wieder ein Update. Damit du deine Eltern gut unterstützen kannst, solltest du ihre Vorstellungen kennen. Das Thema Pflegen ist komplex und groß und nichts, was sich in einer einzigen Unterhaltung klären und planen lässt. Sucht immer wieder mal den Austausch und bleibt dran. Am wichtigsten ist der erste Schritt – und den tut ihr hiermit.

2. STELLE DIESE EINE FRAGE – UND HÖRE EINFACH ZU

Als meine Mama ihre Demenzdiagnose erhielt, begann ich, mich zu informieren. Ich wollte alles wissen über ihre Erkrankung, verschlang die Erfahrungsberichte von anderen Angehörigen und recherchierte in Ratgebern. Wenn ich zu meinen Eltern kam, brachte ich viele Ideen mit und machte Vorschläge, wie das Pflegen für Papa, der sich ja tagtäglich um Mama kümmerte, leichter sein könnte: Ich redete über Pflegedienste, die ins Haus kommen könnten, und über die Tagespflege, die wir endlich mal ausprobieren sollten, und welche Therapien möglich wären. Meine Mama verstand all das nicht mehr, mein Papa lehnte all das ab. Ich wollte ihn unterstützen, doch die gut gemeinten Gespräche endeten häufig damit, dass wir frustriert und enttäuscht auseinandergingen. Ich wollte helfen und bemühte mich so sehr, aber er nahm meine Hilfe und Ideen nicht an. Ich fühlte mich ratlos, ohnmächtig und auch verletzt.

Was ich erst später verstand: Mein Papa fühlte sich von meinem Aktionismus übergangen. Das ist etwas, das vielen erwachsenen Kindern passiere, erklärte mir meine Podcastpartnerin Anja Kälin in einem Gespräch. Wir meinen es gut, wollen die Eltern bestmöglich unterstützen – und handeln dabei so, wie wir es für richtig empfinden. Mit konkreten Ideen und Lösungen, die wir so schnell wie möglich verwirklichen möchten. Aber oftmals wissen wir eigentlich gar nicht genau, ob das tatsächlich das ist, was sich unsere Eltern wünschen. So ähnlich erging es uns. Mein Papa erledigte tagtäglich alle Herausforderungen, kümmerte sich um Mama. Und nun kam ich zu Besuch und präsentierte ihm mein Wissen aus all den schlauen Ratgebern, die ich gelesen hatte. Ob das, was ich für das Beste hielt, jedoch auch in seinem Sinne war, das wusste ich nicht. Diese Frage hatte ich weder mir noch ihm gestellt.

Ich deklarierte seinen Unwillen als Altersstarrsinn und war genervt. Wie es ihm wirklich ging, dass auch er unsicher war und eine tiefe Veränderung durchmachte, dafür fehlte mir anfangs die Geduld. »Die Balance von Geben und Nehmen muss neu justiert werden«, erklären Kazis und Ugolini in ihrem Buch. Es sei eine »anspruchsvolle Entwicklungsaufgabe« für die Eltern, die Verantwortung der Kinder zu akzeptieren und Hilfe anzunehmen. Parenterale Reife nennen Fachleute das. Sie geht damit einher, loszulassen, sich zu öffnen und die Kinder mit erwachsenen Augen zu sehen. Der Ton, in dem ich zu meinem Papa sprach, hatte etwas Drängendes und Besserwissendes. Was es hingegen gebraucht hätte, wäre ein offener, wertschätzender Ansatz gewesen. Logisch, dass er sich übergangen fühlte.

Beim nächsten Besuch brachte ich wieder jede Menge Ideen mit, aber als wir zusammensaßen und es wie immer zu dem Teil »Du solltest wirklich mal die Tagespflege für Mama ausprobieren« überging, atmete ich einmal tief durch und stellte stattdessen diese eine Frage: »Wie geht es dir wirklich?« Er, der immer meinte, er müsse der starke Vater sein und alles allein meistern, wurde still. »Was würde dir helfen, Papa?«, hakte ich nach. Und dann fing er an zu erzählen. Davon, dass es ihn zu Hause anstrenge, weil er permanent einen Blick auf meine Mama haben müsse. Dass er nicht mal im Garten abschalten und arbeiten könne, weil sie voller Unruhe hin und her wandere und er Angst habe, sie würde weglaufen. Dass er nicht mal mit ihr einkaufen könne, weil Mama, wenn er die Butter aus dem Kühlregal holen wolle, schon in eine andere Richtung gehe, zielstrebig und doch orientierungslos. Er könne sie nicht dauernd an der Hand führen wie ein Kleinkind. Und dass er Angst habe, wie es weitergehe mit Mama, wenn ihm etwas passiere.

Am liebsten hätte ich sofort Vorschläge gemacht, aber ich nickte stattdessen, und Papa fuhr fort, davon zu erzählen, wie es ihm ging und was ihm den Alltag schwer machte. Während er sprach, merkte ich, wie wichtig es war, dass er diesen Raum bekam. Dass er erzählen konnte, ich ihm einfach ein offenes Ohr schenkte und er mit seinen Sorgen gesehen wurde. Wenn wir unsere Eltern begleiten, geht es im ersten Schritt genau darum: zuzuhören. Es ist, wie der Theologe und Autor Anselm Grün es so gut auf den Punkt bringt: »Wenn ich jemandem einen Ratschlag erteile, stelle ich mich über ihn. Dann fühlt er sich gedemütigt. Er braucht einen Freund, der erst einmal nur zuhört.«

Nachdem Papa geredet hatte, überlegten wir, wie eine Lösung aussehen könnte. Nein, ich konnte ihn zu diesem Zeitpunkt nicht überzeugen, die Tagespflege in Anspruch zu nehmen. Es brauchte viele weitere Gespräche – innerhalb der Familie – und auch den Zuspruch von anderen. Papa sagte mal, es fühle sich an, als würde er sie weggeben. Für ihn stand nach der Diagnose immer außer Frage, dass er für Mama da sein wollte. Er sah es als seine Aufgabe als Ehemann an. Außerdem sorgte er sich, ob es Mama in der Einrichtung gefallen würde. Wir sprachen auch mit Mamas Neurologen, der Papa gut zuredete und meinte, es wäre gut, es auszuprobieren, weil es in einer späteren Phase für Mama schwerer werden würde, sich daran zu gewöhnen. Was ich merkte: Überreden funktioniert nicht. Besser war es, immer wieder zu sprechen und zuzuhören. Und ganz ehrlich: Das kostete Nerven, uns alle. Aber ich denke, es ist die beste Strategie, um gemeinsam durch diese Phase zu kommen. Denn Veränderungen brauchen Zeit. Du kannst sie nicht beschleunigen, indem du lauter wirst und darauf beharrst. Eine Blume wächst und blüht nicht schneller, wenn du daran ziehst. Hilfe anzunehmen fällt den allermeisten Menschen schwer (dir auch?). Also, nehmt euch Zeit, stellt euren Eltern diese Frage und hört einfach nur zu. Fragt immer wieder nach, wenn es im ersten Versuch nicht klappt, weil deine Eltern vielleicht nie gelernt haben, über sich und ihre Gefühle zu sprechen: Wie geht es dir wirklich? Was brauchst du? Vielleicht hast du schon lange nicht mehr gefragt, weil die Antwort oft schwierig war. Wenn ich Papa in den vergangenen Jahren fragte: »Na, wie geht es dir?«, kam oft die Gegenfrage: »Wie soll es mir schon gehen?« Solche Antworten zu hören, immer wieder, das ist hart. Und doch: Bleib am Ball. Frag nach. So findest du heraus, welche Herausforderungen deine Eltern tatsächlich erleben und welche Unterstützung sie sich wünschen – und das kann durchaus etwas anderes sein als das, was du denkst.

3. MACHT EINE GESUNDHEITS-CHALLENGE – UND GEHT ZUR VORSORGE

Vielleicht ist es in eurer Familie so wie bei uns: Zum Arzt oder zur Ärztin wird gegangen, wenn man krank ist – und zwar so richtig krank. Meine Nachfrage zum Termin beim Augenarzt, Zahnarzt, Hausarzt wird beantwortet mit: »Ich war doch neulich erst.« Beim Blick auf den Kalender wird dann klar, dass dieses »neulich« zwei Jahre zurückliegt. Mit Vorsorgeterminen nimmt es vor allem mein Papa nicht so genau. Er sei ja gesund und brauche das nicht. Um ehrlich zu sein, auch auf meiner To-do-Liste standen ärztliche Check-ups immer ziemlich weit hinten, und es gab tausend Gründe, warum es nicht passte. Eigentlich paradox, denn ich bin absolut überzeugt davon, dass Vorsorge dazu beiträgt, lange gesund zu bleiben (und als Gesundheitsjournalistin kenne ich auch die Studien dazu). Und doch scheint im Alltag so vieles wichtiger zu sein als eine ärztliche Vorsorge, ich hatte ja keine Beschwerden.

Vielleicht meinen auch deine Eltern: »Mir geht es gut.« Damit das so bleibt, solltet ihr regelmäßig die Vorsorgetermine wahrnehmen – und am besten machst du für dich auch gleich eine gesunde Gewohnheit daraus. Vorsorgeuntersuchungen sind so wichtig, weil dabei Auffälligkeiten frühzeitig erkannt und Krankheiten diagnostiziert werden können, außerdem werden Blutdruck, Blutzucker und Blutfette kontrolliert. An einem solchen Punkt lässt sich gut gegensteuern, oftmals schon durch Veränderungen des Lebensstils. Und fast immer gilt: Je früher erkannt, umso besser lässt sich die Erkrankung behandeln und können Folgeschäden vermieden werden. Beispiel Hörstörungen: Vielen Betroffenen ist gar nicht bewusst, wie sehr ihre Hörfähigkeit beeinträchtigt ist und dass dies unbehandelt Folgeerkrankungen nach sich ziehen kann. So zeigen Studien, dass Schwerhörigkeit das Risiko, an einer Demenz zu erkranken, deutlich erhöht. Mit einer rechtzeitigen Behandlung – einem Hörgerät, das heutzutage winzig klein ist und dennoch Hochleistungen erbringt – kann der kognitive Abbau abgebremst werden. Oder: Bluthochdruck. Er birgt ein erhöhtes Risiko für Schlaganfall, Herzinfarkt, Nierenschäden. Mit entsprechender Therapie lässt er sich meist gut senken.

Wartet nicht länger, macht eine Gesundheits-Challenge! Lasst Gesundheit nicht erst dann zum Thema werden, wenn sich Auffälligkeiten zeigen, sondern nehmt Vorsorge ernst und erinnert eure Eltern liebevoll daran. Falls deine Eltern mit einer chronischen Krankheit wie Diabetes, koronarer Herzkrankheit, chronischer Rückenschmerz, Depressionen oder Brustkrebs leben, können sie sogar an speziellen Programmen – dem sogenannten Disease Management Programme (DMP) – teilnehmen. Diese sind ganzheitlich orientiert und enthalten verschiedene Maßnahmen wie Patientenschulungen, medizinische Kontrollen und Therapien. Koordiniert werden die DMPs in der Regel vom Hausarzt oder der Hausärztin.

Deine Eltern möchten von alldem nichts wissen? Versuche zu ergründen, weshalb das so ist. Liegt es am Unwohlsein beim Arztbesuch? Oder dem Gefühl, der Ärztin oder dem Arzt nicht folgen zu können oder nicht ernst genommen zu werden? Vielleicht auch die Angst vor einer Diagnose? Fühlen sich deine Eltern unsicher? Ergründe auch, wie du ihnen helfen kannst: Ist es ein anderer Arzt, eine neue Ärztin? Würden sie sich wohler fühlen, wenn sie jemand zur Vorsorgeuntersuchung begleitet? Für dich kann sich das ungewohnt anmuten, denn genau hier wird eine Veränderung der Rollen sichtbar. Meinen Papa zur Ärztin zu begleiten ist für mich noch immer ein wenig merkwürdig, aber es hilft. Klärt aber unbedingt vorab und fragt eure Eltern, ob sie dies überhaupt möchten. Biete ihnen an, sie zum Arzt und zur nächsten Vorsorgeuntersuchung zu begleiten. Ein Vorteil: Vier Ohren hören mehr als zwei, und wichtige Informationen gehen nicht so leicht unter. Es ist gut, wenn deine Eltern eine vertrauensvolle Bindung zum Arzt aufbauen, so lassen sich Veränderungen im Verlauf besser einschätzen. Und gut ist es, wenn du den Arzt oder die Ärztin kennst. Gerade wenn es um das Thema Pflegen geht, sind Hausärzte und -ärztinnen unersetzbare Partner im Netzwerk. Sie verschreiben nicht nur Medikamente und Hilfsmittel, sondern können auch

Fürsprecher sein, wenn es um Unterstützungsangebote geht. Ich habe die Erfahrung gemacht, dass die ärztliche Autorität manchmal guttun kann.

Denkt immer dran: Vorsorgeuntersuchungen sind im Grunde nichts anderes als Zähneputzen, bisweilen lästig, aber eine wichtige Routine, um so lange wie möglich gesund zu bleiben.

4. BEOBACHTET AUFMERKSAM – UND HOLT EINE DIAGNOSE

Oft heißt es, dass Menschen im Alter eben vergesslich werden. »Ich bin ein bisschen tüddelig«, sagte meine Großtante, wenn sie sich nicht an den Namen einer Bekannten erinnerte. Eine gewisse Vergesslichkeit ist üblich, aber eine Demenz ist keine normale Erscheinung des Alters, sondern eine krankhafte Veränderung des Gehirns, und sollte ernst genommen werden. Derzeit leben in Deutschland 1,8 Millionen Menschen mit einer Demenz. Die Zahl wird in den kommenden Jahren zunehmen. Laut der Deutschen Alzheimer Gesellschaft werden im Jahr 2050 etwa 2,4 bis 2,8 Millionen Menschen hierzulande an einer Demenz erkrankt sein. In Österreich geht man von aktuell 115 000 bis 130 000 Menschen mit Demenz aus, in der Schweiz von 153 000 – in beiden Ländern werden die Zahlen aufgrund der demografischen Entwicklung ebenfalls deutlich zunehmen. Die Menschen werden immer älter und je älter, umso höher ist das Risiko, an einer Demenz zu erkranken.

Viele körperliche Veränderungen beginnen langsam, und das macht es oft so schwierig, sie überhaupt zu erkennen. Auch mein Papa erzählt häufiger mal von Beschwerden, aber zum Arzt gehen wollte er nicht. Ist es was Ernstes oder nur kurz anhaltend – das lässt sich als Laie nicht erkennen. Gerade Veränderungen, die nicht mit großen Schmerzen oder Symptomen einhergehen, laufen oft einfach nebenher. Vielleicht haben deine Eltern auch Beschwerden, aber sie fühlen sich »nicht krank genug« oder sagen wie mein Vater: »Es geht schon noch«? Eine frühe ärztliche Abklärung ist jedoch in jedem Fall besser, als abzuwarten. Wenn sich über eine längere Zeit Beschwerden zeigen, motiviere deine Eltern, diese untersuchen zu lassen. Der erste Ansprechpartner ist der Hausarzt oder die Hausärztin, die eine erste Einschätzung geben und bei Bedarf an einen Facharzt oder eine Fachärztin überweisen können.

Eine frühe Diagnose ist aus vielerlei Gründen wichtig. Beispiel Demenz: Auch wenn es bislang keine Heilung gibt, so gibt es einige Möglichkeiten der Behandlung. Und auch hier gilt oft: Je früher die Therapie beginnt, umso wirksamer ist sie. Die Medikamente, die derzeit auf dem Markt sind, können den Verlauf ein wenig verlangsamen. Außerdem gibt es Medikamente, die damit einhergehende Symptome lindern können und so entscheidend zur Lebensqualität beitragen.

Zudem kann eine frühe Abklärung auch herausfinden, ob dahinter etwas anderes steckt, etwa Hör- und Sehstörungen, Hormon- oder Stoffwechselkrankheiten oder eine Depression. Gerade im frühen Stadium einer Demenz zeigen sich oft Ähnlichkeiten mit der Depression. Die Unterscheidung ist wichtig, denn Depressionen können in der Regel gut behandelt werden. Je länger eine Depression jedoch anhält, umso schwieriger und langwieriger ist oft die Therapie. Je früher die Diagnose steht, umso besser lässt sich die Krankheit in den meisten Fällen behandeln.

Selbst wenn sich herausstellt, dass es sich um eine Krankheit handelt, die fortschreitet, dann ist auch das wertvoll und hilft euch als Familie. Weil es allen Gewissheit gibt bei den Veränderungen, die bereits stattfinden. Bei einer Demenz zeigen sich die ersten Anzeichen schon lange vor der Diagnose, oft im Verhalten und im Miteinander. Meine Mama hatte sich zurückgezogen, und wenn wir miteinander sprachen, fragte sie nicht mehr nach oder ging auf mich ein. Ich war enttäuscht, weil sie sich nicht mehr für mich interessierte. Von Partnern und Partnerinnen höre ich oft, dass sie viel mehr stritten als üblich und teilweise sogar über Trennung nachdachten, weil der andere so unzugänglich wurde, borniert und teilnahmslos wirkte. Nicht nur die Person verändert sich, auch die Beziehung, die man mit ihr hat. Zu wissen, woher die Veränderungen kommen und dass sie auf einer Krankheit beruhen, hilft, das Verhalten besser einzuordnen und geduldiger zu reagieren.

Wie spricht man das Thema an? Ganz klar, das fällt schwer. Ich kann dir keinen vorgefertigten Leitfaden geben, aber ein paar Koordinaten, die es leichter machen: Wähle einen ruhigen Zeitpunkt, zu dem ihr beide entspannt seid. Denk dran, dass du nicht die Ärztin oder der Arzt bist und keine Diagnose stellen kannst, darfst und solltest. Die medizinische Abklärung gehört in die Hände von Profis, deine Aufgabe kann nur sein, Beobachtungen zu machen. Schildere, was dir aufgefallen ist, und frage nach, wie es deinen Eltern geht. Wenn sie über ihre Beschwerden sprechen, super, dann könnt ihr euch konkret über nächste Schritte austauschen, etwa einen Arzttermin vereinbaren.

Deine Eltern bemerken die Veränderungen nicht? Schildere auch in diesem Fall deine Beobachtungen, sage, dass du dir Sorgen machst und gern einen Termin zur Abklärung ausmachen würdest: »Ich sorge mich um dich und fände es gut, wenn du das untersuchen lässt.« Biete deine Unterstützung an, aber dränge dich nicht auf. Vielleicht hilft es, bis ins Wartezimmer mitzukommen. Sprecht darüber, was sie sich wünschen und ihnen guttun würde. Hier kann auch ein Perspektivenwechsel helfen: Wie mag es deinen Eltern gehen? Was würde eine Diagnose für sie bedeuten? Welche Sorgen und Ängste schwingen eventuell mit?

Es kann gut sein, dass das Reden nicht hilft, dass deine Eltern der Meinung sind, es sei doch alles wie immer. Vielleicht fällt es ihnen leichter, mit einer anderen Vertrauensperson zu sprechen, weil sie dann nicht das Gefühl haben, dir zur Last zu fallen. Gerade als Kind ist zu viel Nähe oftmals hinderlich. Eltern bleiben ja immer Eltern, und Hilfe von den eigenen Kindern anzunehmen, fällt manchen besonders schwer. Gibt es eine gleichaltrige Person, einen Freund oder eine langjährige gute Bekannte, die du hinzuziehen könntest? Wenn das Verhältnis zur Hausärztin oder zum Hausarzt gut ist, kannst du auch sie darauf ansprechen. Als ich bei meinem Papa immer wieder auf Unwillen stieß und gleichzeitig spürte, dass ich die Veränderungen nicht einfach so hinnehmen kann, bat ich seine Hausärztin um Rat. Ich telefonierte mit ihr und berichtete von meinen Beobachtungen. Bei Papas nächstem regulären Vorsorgetermin sprach sie ihn an. Ihr hörte er noch mal anders zu, nahm ihre Worte an.

Vielleicht stößt du auch auf komplettes Unverständnis, oder deine Eltern reagieren aufbrausend auf deine Beobachtungen. Gerade bei Demenz ist das typisch, denn die Personen nehmen ihre Verhaltensveränderungen selbst gar nicht wahr. Sie merken nicht, dass sie die immer gleiche Frage stellen oder eine Tätigkeit wiederholen. Ähnlich ist es bei Hörstörungen, die den betroffenen Personen oft nicht bewusst sind. Dann ist es schwierig, darauf zu bauen, dass sie selbst die Initiative ergreifen. Wenn aber die Symptome zunehmen und so augenfällig sind, dass sie den Alltag beeinträchtigen, sollte dies untersucht werden. Das Thema nicht ansprechen ist keine Lösung. Am besten fängst du an, von deinen Beobachtungen zu erzählen, ohne Kritik, ohne

Verdachtsdiagnose, ohne Drama, und erklärst, dass es wichtig wäre, die Beschwerden ärztlich abklären zu lassen.

Möglicherweise wollen dein Vater oder deine Mutter dennoch nicht zum Arzt oder zur Ärztin gehen. Es gibt so etwas wie das Recht auf ein Nichtwissen, und auch Patienten dürfen nur untersucht werden, wenn sie zugestimmt haben. Dieses Recht sollte gewahrt werden, und solange deine Eltern selbst entscheiden können, stehen sie in der Verantwortung für ihre Gesundheit. Selbst wenn es vielleicht schwerfällt, es ist besser, sich zurückzuhalten. Denn wenn du über ihren Kopf entscheidest oder gegen ihren Willen einen Termin ausmachst, kann das eure Beziehung dauerhaft beeinträchtigen. Lass das Thema erst mal ruhen und sprich es bei einer neuen Gelegenheit wieder an. Es erfordert viel Mut, dieses Gespräch zu führen, besonders wenn du den Verdacht hast, dass eine schwere Krankheit dahinterstecken könnte. Doch eine Diagnose gibt Gewissheit und bietet auch eine Chance. Nimm die Veränderungen, die du bei deinen Eltern beobachtest, aufmerksam wahr. Halten sie länger an, über mehrere Wochen oder gar Monate, solltest du dich trauen, sie darauf anzusprechen, in Ruhe und ohne Vorwurf, aus deiner beobachtenden Sicht.

5. FÜHRT FAMILIENKONFERENZEN EIN – UND HOLT ALLE AN EINEN TISCH

Wie oft kommt ihr als Familie zusammen, und was macht ihr dann? Vielleicht ist es so wie bei uns: Wir treffen uns hauptsächlich an Feiertagen und zu Geburtstagen – und dann wird meist eines getan: gegessen und getrunken. In der Regel wird über Urlaubsreisen geredet, was die Kinder so machen oder wie es Bekannten geht, und irgendwann werden Anekdoten aus der

Kindheit ausgepackt. Aber die Veränderungen ansprechen, die sich beobachten lassen, wenn die Eltern älter werden? Beim 75. Geburtstag über das zunehmende Zittern der Hände deines Vaters sprechen oder dass sich deine Mutter immer mehr zurückzieht? Vielleicht noch das Thema Pflegeheim anreißen? Das passiert wohl eher nicht – und das ist auch okay. Denn eine solche Runde ist nicht der optimale Rahmen, um darüber zu sprechen, wie ihr als Familie mit dem Thema Pflegen umgehen möchtet. Allerdings: So ganz werdet ihr ohne diese Gespräche nicht auskommen. Doch die gute Nachricht ist: Sie lassen sich gut planen und auch strukturieren.

Menschen rutschen in die Pflege eines Angehörigen gewissermaßen hinein. Es werden immer mehr Tätigkeiten, die oft kaum sichtbar sind und mit der Zeit zu einem Berg anwachsen. Häufig übernimmt eine Person mehr davon, in der Regel diejenige, die am nächsten wohnt, und meist sind es die Frauen der Familie. Untersuchungen zeigen, dass hierzulande Ehefrauen, Töchter und Schwiegertöchter die Hauptlast der Pflege tragen und häufig die zeitintensiven Pflegeaufgaben übernehmen. In der Mehrheit der Fälle tun sie dies nebenbei, zusätzlich zu ihrer Berufstätigkeit, der eigenen Familie und den alltäglichen Aufgaben. Diese Care-Arbeit bringt emotionale, zeitliche sowie finanzielle Belastungen mit sich und kann auf Dauer krank machen.

Aus diesem Grund spricht sehr viel dafür und rate ich dir auch aus meiner eigenen Erfahrung, die Aufgaben der Elternpflege auf mehrere Schultern zu verteilen. Nur weil du näher bei deinen Eltern wohnst als dein Bruder oder deine Schwester, musst du nicht alles allein machen. Auch wer in der Ferne lebt, kann To-dos übernehmen, etwa Hilfsmittel recherchieren und beantragen, Arzttermine koordinieren, Überweisungen tätigen, sich mit dem Pflegedienst austauschen. Einzelkinder sind natürlich besonders gefordert, denn es gibt keine Geschwister, mit denen sie sich die Verantwortung und das Kümmern teilen könnten. Doch deshalb sind sie nicht unbedingt allein: Schau dich im Bekannten- und Freundeskreis deiner Eltern um, wer unterstützen kann. Welche Familienmitglieder lassen sich einbeziehen? Vielleicht eine Cousine oder ein Onkel, möglicherweise deine Kinder, Nichten oder Neffen? Für Pflegende ist es wertvoll, Banden zu bilden (mehr dazu im Kapitel 8).

Sich gemeinsam kümmern, das klingt in der Theorie unbeschwert und einfach, aber im Alltag kann das ziemlich komplex und kompliziert sein. Denn die einzelnen Familienmitglieder bringen unterschiedliche Ressourcen, Erwartungen und Einstellungen mit. »Jeder möchte das Beste für die Eltern, aber wie genau das aussieht, darüber herrschen unterschiedliche Vorstellungen«, erklärte mir Expertin Sabine Engel. Eigentlich kein Wunder, wenn man bedenkt, dass Erwachsene zusammenkommen, die verschiedene Charaktere sind, ihr Leben eigenständig und oft sehr unterschiedlich gestalten. Und nun gilt es, gemeinsam Verantwortung zu übernehmen, Kompromisse zu finden und Entscheidungen zu treffen. Ganz klar, das ist eine Challenge – aber auch eine Chance.

Fachleute empfehlen dazu eine sogenannte Familienkonferenz oder einen Familienrat. Im Grunde handelt es sich dabei um ein strukturiertes Treffen, bei dem ihr über den Unterstützungsbedarf und mögliche Lösungen sprecht. Es gibt verschiedene Anleitungen, unter anderem auch im Podcast »Leben. Lieben. Pflegen«, in dem Anja Kälin und ich mit dem Coach Martin Schönacher über Familienkonferenzen sprechen. Worauf es ankommt: Offenheit und Geduld. Was ihr nicht erwarten könnt: in einem einzigen Gespräch alles zu klären.

Wie der Begriff Familienkonferenz es schon andeutet, ist es gut, wenn dafür alle, die beteiligt sind oder sein möchten, an einen Tisch kommen. Am besten in einem Rahmen, in dem sich alle wohlfühlen, mit Zeit und Muße. Überlegt euch vorab, was ihr besprechen möchtet, und kündigt das auch an, sodass sich jeder darauf vorbereiten kann. Es ist ein bisschen wie bei beruflichen Meetings. Die sind ja auch zielführender, wenn es eine klare Agenda gibt, alle die Themen kennen und sich vorab Gedanken machen und Informationen einholen können. Für euer erstes gemeinsames Gespräch ist es vielleicht schon Ziel genug, sich mit dem Format und seiner Notwendigkeit vertraut zu machen; für das zweite könnt ihr euch vornehmen, über den aktuellen Stand zu sprechen und eine Rückschau zu halten: Was lief bisher gut? Wie geht es mir? Was wünsche ich mir? (Außer natürlich, es gilt, eine dringliche Frage zu klären.)

Und dann sammelt ihr alle Aufgaben und Themen, die konkret eure Eltern betreffen, und geht dabei so kleinschrittig wie möglich vor. Die Frage »Wie geht es nun weiter?«, wie wir sie uns damals nach der Demenzdiagnose stellten, war viel zu groß gedacht. Besser ist es, sich dem Thema zu widmen, das aktuell oder als Nächstes ansteht. Das ist sicher eine besondere Herausforderung bei einer unaufhaltsam fortschreitenden Erkrankung: Sie verändert sich immer wieder – und es braucht immer wieder Anpassungen. Ihr werdet also vermutlich nicht nur eine Familienkonferenz führen, sondern mehrere. Das gibt euch die Möglichkeit, regelmäßig zu prüfen, ob die Lösungen noch passen, ob jeder die Aufgaben noch so ausführen kann oder ob es Veränderungen benötigt. Die Situation ändert sich ja nicht nur bei deinen Eltern, sondern auch bei dir, bei deinen Geschwistern und all den anderen Beteiligten. Es gibt Phasen, da hast du mehr Zeit und Kraft für die Pflege deiner Eltern, und es gibt Phasen, in denen du dich anderen Themen widmen musst.

Aber klar, anders als bei Meetings im Job ist der Austausch in der Familie viel emotionaler und kann auch leichter eskalieren. Denn da kommen unterschiedliche Ansichten und Wünsche hoch – und jede Menge Gefühle. Pflegen ist ein emotionaler Prozess – das wird in solchen Familienkonferenzen meist sehr deutlich. Daher ist es hier besonders wichtig, den Eltern erst einmal Raum zum Reden zu geben und zuzuhören (ja, das ist für uns alle ein Lernprozess). »Das Ziel ist nicht, jemanden zu überreden oder überzeugen. Das Ziel sollte offen sein und Gespräche auf Augenhöhe ermöglichen«, erinnerte Anja mich.

Der Gedanke einer Familienkonferenz, wie Anja und Martin erläuterten: Jede Person bekommt die Gelegenheit, ihre Sichtweise und Gedanken zu äußern. Sind die Themen klar, darf und kann ins Blaue hinein überlegt werden. Welche Lösungen gäbe es? Welche professionellen Unterstützungsmöglichkeiten? Wer aus der Familie oder dem Freundes- und Bekanntenkreis kann sich einbringen – wie und wann? Nach einem Brainstorming geht es darum, zu besprechen, was sich umsetzen lässt, und vielleicht könnt ihr schon konkrete Aufgaben verteilen. Die Idealvorstellung ist es ja, dass es dabei gerecht zugeht und jede Person gleich viele Aufgaben bekommt. In der Wirklichkeit sieht das jedoch anders aus, denn jede hat verschiedene Ressourcen und Kapazitäten. Mein Rat: Sprecht auch darüber, klar und deutlich. Am besten denkt ihr in Zuständigkeiten statt in einzelnen To-dos. So macht es oft mehr Sinn, wenn sich jemand um die Finanzen kümmert, ein anderer um Arzttermine und Medikamente, der Nächste um den Haushalt. Tauscht euch auch darüber aus, wie ihr euch gegenseitig informieren wollt und wie ihr es mit Entscheidungen handhabt (ein Blick auf Vorsorgevollmacht und Betreuungsverfügung kann hier notwendig werden).

So eine Familienkonferenz braucht auch Übung. Wie bei so vielen Themen ist der erste Schritt vielleicht der wichtigste, dass ihr zusammenkommt und gemeinsam das Thema Pflegen angehen wollt. Ihr macht damit auch sichtbar, was in Familien oft im Verborgenen abläuft und zu viel Frust, Diskussionen und Konflikten führt, weil nämlich einer mehr macht als die anderen. Wenn ihr zunächst eine ehrliche Bestandsaufnahme macht, ist außerdem deutlich zu sehen, was jeder von euch bereits tut – das schenkt auch Wertschätzung. Kümmerst du dich als Einzelkind, siehst du, was du leistest – und das kann dir ein gutes Gefühl geben (oder auch zeigen, für welche Aufgaben du am besten Unterstützung von anderen suchst).

Ich erinnere mich, dass mein Bruder und ich lange Zeit abwechselnd zu meinen Eltern fuhren. Wenn ich da war, verbrachte ich auch Zeit damit, das Bad zu putzen, die Küche aufzuräumen, und war deshalb meist ziemlich genervt. »Immer muss ich das machen«, dachte ich. Es fühlte sich ungerecht an. In einem Gespräch mit meinem Bruder merkte ich, dass er genau dasselbe tat und genauso wenig happy war. Wir wollten gern für unsere Eltern da sein und viel lieber Zeit mit ihnen verbringen als mit Haushaltstätigkeiten. Ein Gespräch machte all die Tätigkeiten sichtbar und auch unsere Wünsche, erst mal nur für uns, später in einem Gespräch mit Papa. Er war zwar zunächst skeptisch, willigte aber ein, es mit einer Haushaltshilfe zu probieren.

Solche Konferenzen sorgen für Klarheit, aber was tun, wenn die Meinungen sehr verschieden sind? Wenn man sich nicht einigen kann? Wenn die anderen sich nicht treffen wollen? Es kann helfen, eine weitere Person einzuladen. Sie sollte allerdings neutral sein und nicht auf einer Seite stehen, wie ein Coach oder Mediator. Vielleicht bringt euch als Familie auch ein gemeinsames Gespräch mit dem Pflegeberater weiter. Ihr seid immer noch unterschiedlicher Meinung? Wenn es nicht dringlich ist, könnt ihr die Entscheidung vertagen. Muss eine Entscheidung gefällt werden, ist die verantwortliche Person, also der oder die Betroffene selbst, zuständig. Wenn er oder sie dies nicht mehr leisten kann, dann ist die bevollmächtigte Person verantwortlich (also diejenige mit der Vorsorgevollmacht oder Betreuungsverfügung).

Was ihr immer bedenken solltet: dass die Person, um die es geht, ausreichend mit einbezogen wird. Am besten ist sie selbst bei den Familienkonferenzen mit dabei und kann ihre Vorstellungen äußern. Wenn dies nicht möglich ist, könnt ihr ihr auf eine andere Art Raum geben. »Eine Idee ist es, einen Platzhalter aufzustellen. Das kann ein leerer Stuhl mit einem Namensschild sein«, sagte Martin. Oder ein persönlicher Gegenstand, etwas, das den Menschen sichtbar macht. Versucht, aus ihrer Perspektive zu sprechen. Zugegeben, als ich diese Idee zum ersten Mal hörte, fand ich sie ein wenig absurd. Aber ich mag sie mittlerweile sehr, denn wie leicht passiert es, dass man sich in Diskussionen verliert? Selbst wenn ihr keine Stimme für die Person findet, ist sie doch präsent und kann in hitzigen Gesprächen daran erinnern, worum es doch eigentlich geht: um das Wohl eines euch nahestehenden Menschen.

6. TAUSCHT MAL DIE PLÄTZE – UND ERLEBT EINE NEUE PERSPEKTIVE

Ich weiß nicht, wie das bei dir ist. Aber in meiner Familie lebt jeder seine Rolle in der gewohnten Art und Weise aus. Routiniert, könnte man meinen, und das hat ja durchaus Vorteile. Mein Vater zum Beispiel war immer derjenige, der die Entscheidungen getroffen hat. Für ihn ist es auch heute mit 84 Jahren wichtig, selbstbestimmt zu handeln. Er lässt sich ungern helfen, egal, wie herausfordernd die Aufgabe ist. In den ersten zwei, drei Jahren nach der Diagnose schienen meine

Eltern gut klarzukommen, aber im Laufe der Zeit nahmen die Veränderungen und somit auch die Aufgaben meines Papas zu. Wenn ich zu Besuch war und vorschlug, die ein oder andere Sache zu verändern, äußerte er Skepsis. Mama brauchte beispielsweise immer länger beim Essen. Sie aß mit Appetit, aber sehr langsam. Mein Papa beschwerte sich, dass das warme Essen so schnell kalt wurde. Wir besorgten einen Teller mit Warmhaltefunktion. Wir kauften Müsli und Haferflocken und Joghurt fürs Frühstück, das Mama besser essen konnte als belegte Brötchen. Aber Papa servierte nichts davon. Theoretisch stimmte er mir zu, dass ein paar Dinge sich ändern müssten. Aber im Alltag griff er doch auf Altbekanntes zurück, auch wenn es sich nicht mehr wirklich bewährte. Warum?

Ich verstand nicht, warum es meinem Papa so schwerfiel, Rat und Hilfe anzunehmen oder auch Unterstützungsleistungen, die pflegenden Angehörigen zustehen. Es dauerte lange, bis er einwilligte, dass wir für Mama die Tagespflege ausprobieren. Sie lebte sich gut ein und verbrachte erst zwei, später drei Vormittage in der Woche dort. Papa haderte auch Jahre später noch damit. Ich konnte das nicht nachvollziehen, denn die Tagespflege brachte ihm doch auch Gutes: Zeit, die er für sich nutzen konnte. Für Arzttermine und Einkäufe, aber auch, um mal wieder eine Runde Fahrrad zu fahren oder zum Nichtstun. Aber er zweifelte immer wieder.

Statt erst mal zu verstehen, versuchte ich zu überreden – und das funktionierte nicht gut. Es sorgte meist nur für Frust, bei mir und ihm. Ein Perspektivenwechsel half mir. Bist du schon mal in die Schuhe deiner Eltern gestiegen und ihre alltäglichen Wege gegangen? Hast du mal ihren Platz eingenommen? Als ich darüber nachdachte, warum ich gefühlt so oft scheiterte mit meinem Input, merkte ich, dass es meine Ideen aus meiner Perspektive sind. Was sie für meinen Papa bedeuteten, das hatte ich mich lange nicht gefragt. Ich meinte es gut, und in meinen Augen schien alles logisch, aber für ihn auch?

Die Herausforderung liegt dabei ja oft darin, dass wir uns nicht die Zeit nehmen, uns in den anderen einzufühlen und zu verstehen, was die Aufgabe oder Veränderung für die Person bedeutet. Und hier kommt meiner Meinung nach ein großes Missverständnis ins Spiel: Wir können Helfen und Unterstützen nicht pragmatisch als Dienstleistung behandeln, denn das ist es nicht. Damit gehen verschiedene Emotionen einher, Sorgen, Ängste – und die lassen sich oft nicht steuern. Nachzuvollziehen, welche Herausforderungen meine Eltern diesbezüglich erlebten, wie es ihnen ging und welche Unterstützung guttun würde, das konnte ich nicht nur mit dem Kopf verstehen, sondern vor allem mit dem Herzen.

Für mich funktioniert dieser Perspektivenwechsel besonders gut, wenn ich auch physisch einen anderen Ort einnehmen kann. Was bedeutete es für meinen Papa, sich um seine an Demenz erkrankte Frau zu kümmern, welche Herausforderungen erlebte er – und was brauchte er? Seinen Platz einzunehmen und seine Aufgaben zu übernehmen, brachte mich all dem näher. Wenn ich mit Mama allein war und das tat, was seine üblichen Aufgaben waren, merkte ich, dass es der Alltag war, der forderte. Nicht einfach essen zu können, sondern langsam Brötchen zu reichen. Das Frühstück (oder jede andere Mahlzeit) war etwas, dem wir früher nie Aufmerksamkeit geschenkt hatten. Jetzt aber wurde es oft zum Diskussionsthema, besonders weil Papa dafür feste Zeiten veranschlagt hatte. Dauerte es länger, wurde er unruhig. Wenn Papa mal einen Termin hatte und ich es übernahm, Mama zu helfen, merkte ich, warum er so an diesen Zeiten festhielt. Meine Mama hatte Freude am Essen, aber sie kaute extrem langsam, und wir saßen schon beim Frühstück ewig zusammen. Mama gab in so vielen Dingen den

Takt vor – und mein Papa hatte sich angepasst. Ich spürte die Verantwortung und auch die Überforderung und die Zweifel, die Trauer über den Verlust seiner Ehefrau und wie sehr er sie vermisste.

Einmal die Position des anderen übernehmen, das sorgt für einen Perspektivenwechsel und für ein besseres Verständnis. Übrigens: Es gibt auch Angebote wie Alterssimulationsanzüge oder Parcours, mit denen man die Seh-, Hör- und Bewegungseinschränkungen von Menschen mit Demenz nachempfinden kann. Mit speziell präparierter Kleidung oder Gegenständen (etwa einer Brille oder Handschuhen) wird simuliert, wie es sich anfühlt, wenn manche Dinge mit kognitiven Einschränkungen nicht mehr so gut funktionieren, wie zum Beispiel die Koordinierung zwischen Gehirn und Händen. Wenn wir uns die Zeit nehmen und uns darauf einlassen, nachspüren und die Perspektive des anderen verstehen, hilft uns das beim Helfen.

7. VERBRINGT ZEIT MITEINANDER – UND GEHT AUF AUGENHÖHE

Ich schreibe hier meist über »die Eltern« und meine natürlich beide Elternteile. In diesem Kapitel möchte ich besonders darauf eingehen, warum es so wichtig ist, auch auf die eigenen Beziehungen zu deiner Mutter, zu deinem Vater zu schauen – und sie zu hegen. Wenn wir uns um einen anderen Menschen kümmern, ihn umsorgen und pflegen, so speist sich das letztendlich immer aus der Beziehung, die wir mit der Person vorab hatten. »Jedes Kind hat eine individuelle Beziehung zu jedem Elternteil, und das wirkt sich auch auf die Pflegesituation aus«, stellte Sabine Engel im Interview klar. Mit meiner Mama hatte ich immer eine engere Beziehung, da war eine größere Nähe, und ich habe ihr mehr Sorgen und Nöte anvertraut. Mein Papa hingegen war immer strenger und distanzierter. Als ich noch zu Hause wohnte, lebten wir diese individuellen Beziehungen ganz alltäglich.

Ich weiß nicht mehr, wann es passiert ist, aber im Laufe der Zeit wurden meine zwei Elternteile wie zu einer Einheit. Sie richteten sich ein in ihrem Alltag und bewältigten ihn zu zweit ganz gut, mit Beruf, Haushalt und Freizeit. Sie hatten ihren Rhythmus und waren auf Augenhöhe. Ich bin nach dem Abitur zum Studieren in eine andere Stadt gezogen, habe danach an einem anderen Ort einen Job gefunden und Kinder bekommen. Wir besuchten meine Eltern oder meine Eltern uns, wir verbrachten Zeit zusammen, aber selten nur als Mutter und Tochter und noch seltener als Vater und Tochter.

Wird ein Partner pflegebedürftig, verändert sich die Beziehung häufig. Der eine Partner nimmt nach und nach die Kümmererrolle ein, aus einer gleichberechtigten Partnerschaft entstehen Abhängigkeiten. Durch Mamas Krankheit entwickelten sich meine Eltern zu einer Symbiose, sie verbrachten 24 Stunden tagtäglich zusammen, und ich hatte mitunter das Gefühl, dass mein Papa meine Mama wie ein Helikopter umkreiste. In gewisser Weise war das notwendig, weil ihre Fähigkeiten und Fertigkeiten immer mehr abnahmen und sie ihn brauchte, um ihren Alltag zu leben. Ihren Mann an ihrer Seite zu haben, das hat Mama sehr gutgetan – er war ihr Anker in all den Jahren ihrer Alzheimererkrankung. Und doch plädiere ich dafür, diese Symbiosen zu durchbrechen und die individuelle Beziehung, die du mit deiner Mutter, mit deinem Vater hast, zu stärken. Und auch Geschwister, Freunde oder Bekannte zu ermuntern, es ebenso zu tun. Das hat mehrere Gründe.

Zum einen funktioniert es auf lange Sicht nicht, wenn nur ein Mensch einen anderen pflegt. Die Bedürfnisse der betreuten Person und die Aufgaben lassen sich allein kaum bewältigen. Wenn andere Menschen einbezogen werden – andere Familienmitglieder, Freunde, Ehrenamtliche oder professionell Pflegende –, so schont das die Kraft und Energie der Hauptpflegeperson. Wenn ich mich um Mama kümmerte, tat ihr das gut, aber auch meinem Papa.

Zum anderen bekommst du bessere Einblicke. Mit meiner Mama allein zu sein, zeigte mir besser, wie es ihr wirklich ging und welche Bedürfnisse sie hatte. Was klappt nicht? Was geht gut? Wo liegen Stärken, wo Ressourcen? All das siehst du besser, wenn du direkt mit der Person kommunizierst. Um die individuelle Beziehung zu stärken, braucht es immer wieder Exklusivzeit miteinander.

Viele Jahre war es für mich ein kleines Ritual, mit meiner Mama eine Runde zu gehen. Jedes Mal, wenn ich für ein paar Tage zu Besuch kam, freute ich mich darauf, dass wir um den Dorfteich spazierten und so zweisame Zeit verbringen konnten, die eine besondere Nähe schaffte.

Genauso wichtig waren aber auch die Exklusivzeiten mit meinem Papa. Vor meiner Mama redete er ungern über seine Belastungen und darüber, wie es ihm wirklich ging mit dem Pflegen. Auch mir fiel es schwer, ihn darauf anzusprechen. Mama war ja meist dabei, und ich wollte sie weder betrüben noch beschämen. Aber ohne einen ehrlichen Austausch lässt sich schwer über Probleme und mögliche Lösungen sprechen. »Gerade für Partner oder Partnerinnen fühlt es sich oft an, als seien sie illoyal, wenn sie in Abwesenheit über die Herausforderungen sprechen«, erklärte Anja in einer Podcastfolge. Das konnte ich gut nachvollziehen, denn auch für mich fühlte es sich wie ein Bloßstellen an, wenn ich beim Arzt über Mamas Probleme sprach und sie neben mir saß.

Ich wollte die Schwierigkeiten beider verstehen – und das

konnte eigentlich nur funktionieren, wenn mein Papa allein die Gelegenheit zum Reden bekam. Nehmt euch immer mal wieder Auszeiten zu zweit und sprecht über anstehende Entscheidungen und die Zukunft. Das kann bei einem Spaziergang sein, aber auch der gemeinsame Abwasch oder die Reparatur des Gartenzauns, bei der du deinem Vater oder deiner Mutter zur Hand gehst, bieten Möglichkeiten dafür. Gerade wenn wichtige Entscheidungen anstehen, braucht es nicht nur große Gespräche wie eine Familienkonferenz, sondern auch kleine, tiefe Gespräche zu zweit. Ihr verhaltet euch nicht illoyal, es ist wichtig, sich auszutauschen und den Sorgen einen Raum zu geben. Wenn ihr sie unter die Oberfläche drückt, sind sie ja immer noch da. Schon allein sie auszusprechen und dafür ein offenes Ohr zu finden, hilft ungemein – und stärkt eure Beziehung für künftige Herausforderungen.

8. BILDET BANDEN – UND SCHAFFT EIN NETZWERK AUS HELFENDEN

Auch wenn mein Papa nie wirklich Hilfe annehmen wollte, zeigte sich im Laufe der Jahre mit Mamas Demenzerkrankung, wie gut es war, zur Betreuung und Pflege auch andere Menschen einzubeziehen. Unterstützung – das waren für mich zunächst professionell Pflegende wie vom Pflegedienst oder dem Pflegeheim. Die erste Unterstützung, die meine Eltern tatsächlich annahmen, war die Tagespflege – und das hatte viele Gespräche benötigt. Mama lebte sich dort gut ein, und auch Papa hatte dadurch Entlastung. Wie wichtig diese war, merkten wir zu Corona-Zeiten, als Papa wochenlang auf sich gestellt war. Doch nicht nur das Fehlen der Tagespflege machte meinen Eltern den Alltag in der Pandemie schwer. Hinzu kam, dass weder mein Bruder noch ich zu ihnen fahren konnten, auch andere Familienangehörige, Freunde, Bekannte zogen sich in dieser Zeit zurück – zu groß war lange die Angst vor einer Ansteckung. Wir telefonierten häufig, und ich hörte heraus, wie erschöpfend die 24-Stunden-Betreuung und Pflege für Papa war.

Es war in dieser Zeit, dass ich auch merkte, dass Unterstützung viel mehr ist als Pflegedienste und professionell Pflegende. Sie kam auf einem anderen Weg daher, als ich sie geplant und mir vorgestellt hatte: in Form von Nachbarn und Bekannten, aber auch der Apothekerin oder Verkäuferin der Metzgerei. Sie halfen mit kleinen Diensten, und bei Problemen wandte sich mein Papa an sie. Es braucht ein Dorf, um ein Kind zu erziehen, heißt ein Sprichwort. Das stimmt, und ich finde, dass es dieses Dorf auch in anderen Lebenslagen bräuchte. Zum Beispiel wenn ein Mensch alt wird und Hilfe benötigt.

Immer mehr Menschen vereinsamen, besonders häufig sind es Menschen über 85 Jahre und mit größeren gesundheitlichen Problemen. Auch pflegende Angehörige sind davon betroffen, denn viele Bekannte und Freunde ziehen sich zurück. »Es wird einsamer«, sagte mein Papa dazu. Was fehlt, ist praktische Hilfe und Unterstützung, aber vor allem auch die Geselligkeit und Gemeinschaft, die ein Teil unseres menschlichen Wesens ist. Dienstleistungen und professionelle Hilfsangebote können eine wichtige Unterstützung sein. Eine Befragung zeigt, dass sich ältere Menschen aber viel mehr Angebote zur Begegnung und zu Gesprächen wünschen, denn nur so kann wahres, wohltuendes Miteinander entstehen. Es ist, wie Pädagogin Susanne Mierau in ihrem Buch *Füreinander sorgen* schreibt: »Wir können das Problem des Miteinanders nur lösen, indem wir ins Miteinander gehen. Wir können nur durch Bindung und Verbindung gegen Vereinzelung und Erschöpfung durch Einzelüberlastung vorgehen.«

Deshalb rate ich dir, für und mit deinen Eltern Banden zu bilden. Wenn sie einen Helferkreis haben, so unterstützt das im Alltag und bietet immer wieder Möglichkeiten zum Austauschen und Zusammensein. Fachleute sprechen auch von Pflegenetzwerken, die aus verschiedenen Netzwerkpartnern bestehen. Neben formellen Angeboten wie dem ambulanten Pflegedienst, dem Hausarzt oder der Tagespflegeeinrichtung gehören dazu auch Freunde, Nachbarn und Ehrenamtliche, die Apothekenmitarbeiter, die Medikamente und Hilfsmittel liefern, oder die Verkäuferin vom Supermarkt ums Eck. Wenn du nicht vor Ort bei deinen Eltern lebst, dann rate ich dir besonders dazu, solch ein Netzwerk aufzubauen. Denn im Notfall kann eine vertraute Person schnell bei ihnen sein und sich so lange kümmern, bis du da bist. Eine Bande kann viel Sicherheit geben, deinen Eltern und dir. Fangt am besten frühzeitig damit an, ihr soziales Netz zu erweitern oder aufzubauen. Welche Kontakte pflegen sie? Welche lassen sich ausbauen, auf welche legen sie besonderen Wert? Besprich das mit deinen Eltern und rege sie an, Bekannte und Freunde einzubinden.

Falls es deinen Eltern nicht so leichtfällt, um Hilfe zu bitten, oder sie sich zurückgezogen haben, kannst du sie dabei unterstützen und zunächst die Mittlerin sein. Beispielsweise indem du die Nachbarin mal bittest, vom Bauernhof Eier mitzubringen, oder die Freundin deiner Mutter fragst, ob sie deine Mutter zur wöchentlichen Gymnastikrunde abholen und nach Hause bringen könnte.

Ganz klar: Dazu gehört auch ein gewisses Maß an Offenheit und dass die Freunde, Nachbarn und Bekannten wissen, dass deine Eltern Unterstützung wünschen oder aufgrund einer Erkrankung Gewohntes nicht mehr so gut ausführen können. Genau das ist allerdings häufig der Knackpunkt, weil die Eltern darauf beharren, dass »alles noch geht« und dass sie es »allein gut schaffen«. Hier ist viel Kommunikation gefragt. Warum genau haben deine Eltern Bedenken? Liegt es an alten Konflikten oder daran, dass sie sich schämen? Haben sie Sorge, Ehrenamtliche ins Haus zu bitten, weil sie mit ihnen nicht vertraut sind? Es braucht mitunter Geduld und manchmal auch den Mut, es einfach mal zu probieren. Geht auch dieses Thema so früh wie möglich an, denn so kannst du deinen Eltern Zeit geben, die Helfenden kennenzulernen und eine Bindung zu ihnen aufzubauen. Du kannst beim ersten Schritt unterstützen, aber eine Bande wird langfristig vor allem dann funktionieren, wenn sich deine Eltern damit auch wohlfühlen und die einzelnen Mitglieder gut miteinander verbunden sind. Ob das nun die beste Freundin ist oder der ehemalige Arbeitskollege – das ist eigentlich egal, Hauptsache, da sind Menschen, die ein Miteinander bewirken.

9. FRAGE UM RAT – UND SCHENKE EIN GUTES GEFÜHL

Wann hast du deine Eltern das letzte Mal um einen Rat gefragt? Wann hast du ihnen von einem Problem im Job erzählt und sie um ihre Meinung gebeten? Oder von deiner Beziehung gesprochen? Hast du das überhaupt schon mal? Oder geht es dir wie mir, und du hältst dich mit solchen Themen eher zurück? Vielleicht ist es dir zu privat, oder du hast schlechte Erfahrungen mit einer intimen Offenheit deinen Eltern gegenüber gemacht, vielleicht aber auch einfach das Gefühl, dass ihr in verschiedenen Welten lebt. Ich hatte dieses Gefühl ziemlich oft, seit ich ausgezogen war. Ich studierte, wählte einen anderen Beruf als meine Eltern und baute mir fernab von ihnen ein eigenes Zuhause auf. Unsere Lebenswelten drifteten mit der Zeit immer weiter auseinander. Wenn wir dann doch mal über meinen Job als Journalistin redeten, merkte ich, dass mein Papa völlig falsche Vorstellungen davon hatte. Er, der schon lange aus dem Berufsleben ausgeschieden war und nie wirklich mit einem Computer gearbeitet hatte, konnte sich nicht vorstellen, wie Teams digital an einem Projekt arbeiten und dass man auf ein Dokument über das Internet zugreifen kann.

Also erzählte ich immer weniger – und er fragte weniger nach. Das Problem jedoch: So verlieren wir noch mehr das Verständnis füreinander und vergeben auch eine Chance. Denn selbst wenn Eltern vielleicht nicht auf dem technisch neuesten Stand sind, so haben sie in ihrem Leben und Berufsalltag doch eine Expertise angesammelt, die sie weitergeben können und die für uns nützlich sein kann. Mein Papa beispielsweise war immer angestellt gewesen, als Lehrer im öffentlichen Dienst. Über die Selbstständigkeit und Journalismus wusste er nicht viel (woher auch?), aber als Schulleiter und Lehrer hatte er Erfahrung darin, Menschen zu führen und Inhalte zu vermitteln.

Wenn wir klein sind, sind Mama oder Papa die Ersten, die wir fragen. Im Laufe des Lebens ändert sich das. Doch auch im Alter können sie immer noch Ratgeber für uns sein und eine Stütze. Vor ein paar Jahren entschied ich, mich selbstständig zu machen. Doch nachdem ich diese Entscheidung getroffen hatte, zweifelte ich ab und an, ob es richtig war. Als ich meinem Papa von diesem Schritt und meinen Bedenken erzählte, war ich unsicher, wie er reagieren würde. Er, der keine Ahnung von der Medienbranche hatte und viel von einem sicheren Job hielt. Aber er meinte: »Du machst das richtig.« Er sagte, er sei stolz auf mich und meinen Mut. Unser Gespräch gab mir Kraft – und ich hatte das Gefühl, dass ich auch ihm etwas gegeben hatte.

In *Alte Bande* schildern Cornelia Kazis und Bettina Ugolini den Bedeutungsverlust, der an vielen älteren Menschen nagt. Häufig würden sie sich überflüssig fühlen, nicht mehr gebraucht. Wenn wir um Rat fragen, wirken wir diesem Gefühl entgegen. Jemandem einen Rat geben zu dürfen, gefragt zu werden, bringt zum Ausdruck: Ich werde gebraucht. Wenn wir unsere Zweifel, Sorgen oder Ängste aussprechen, zeigen wir uns so, wie wir sind, ehrlich und verletzbar – und das öffnet eine tiefere Gesprächsebene. Deine Offenheit gegenüber deinen Eltern ist wie ein Türöffner. Vielleicht fangen sie auch an, von Entscheidungen und Phasen zu erzählen, die für sie schwierig waren. Wir begegnen uns dann auf einer Augenhöhe, kommunizieren und entwickeln Mitgefühl und Verständnis füreinander. Das stärkt eure Beziehung, und ihr verbindet euch auf besondere Art und Weise. Indem wir uns unseren alten Eltern anvertrauen und sie um einen Ratschlag bitten, können wir viel mehr bekommen als diesen, wir schenken und erhalten Nähe.

Gerade wenn wir die Pflege und das Kümmern übernehmen, schlüpfen wir oft in die Rolle der starken Tochter oder des starken Sohnes. Ich jedenfalls war ganz großartig darin, keine Schwäche zu zeigen, schon gar nicht vor meiner Mama. Denn ich wollte sie nicht zusätzlich mit meinen Sorgen belasten, wo sie doch selbst mit einer schweren Diagnose umzugehen hatte. Und doch erlebte ich einige Hindernisse, in meinem Berufs- und Privatleben; und auch die Sorgen um Mama und Papa hielten mich oft wach. Meine Eltern daran teilhaben zu lassen hat Überwindung gekostet, aber letztlich gab es mir Kraft und eine andere Perspektive. Es stärkte uns – und das brauchte es, um gemeinsam gut durch die Pflegephase zu kommen.

Ganz klar, das Fragen und Sprechen wird schwieriger, wenn kognitive Einschränkungen hinzukommen. Als ich jünger war, fragte ich meine Mama in vielen Dingen um Rat. Als ich dann auszog, rief ich sie beispielsweise oft an, wenn ich mit einem Kochrezept nicht weiterkam. Sie war immer da. Doch mit der Demenz veränderte sich das im Laufe der Zeit sehr. Genau das vermisste ich: Die Person, die mich durch viele Stürme des Lebens begleitet hatte, nicht mehr um Hilfe fragen zu können. Ein Rat von meiner Podcastpartnerin Anja, der mir sehr weitergeholfen hat, war: »Du kannst die Mutter, die du aus ihren gesunden Tagen kennst, weiter um ihren Rat fragen.« Als sie das zum ersten Mal vorschlug, war ich skeptisch. Wie sollte das gehen? Und was sollte das bringen? Mama wirkte meist abwesend, in ihrer eigenen Welt, fernab von uns. Wie sollte sie mir einen Rat geben können? Ich wusste ja nicht mal, ob sie mich überhaupt verstand. Doch ich traute mich: Als wir zu zweit waren, erzählte ich ihr von meiner Unzufriedenheit und wie traurig ich über den Verlust einer Liebe war. Einen Rat hat sie mir zwar nicht geben können, aber sie schaute mich lange an, und ich hatte das tiefe Gefühl: Sie gibt mir Halt, und genau das war es, was ich in dem Moment brauchte.

Auch später, bei großen Entscheidungen in meinem Leben oder Sorgen, dachte ich oft: »Was würde Mama mir raten?« Das half mir, die Dinge aus einer anderen Perspektive zu betrachten, mir in gewisser Weise selbst Mutter zu sein. Auch die Entscheidung für den Umzug ins Pflegeheim war schwer. Mama konnte da schon lange nicht mehr mitentscheiden. Sie in Gedanken zu fragen: »Was würdest du denn wollen?«, half mir, die Entscheidung mit einem besseren Gewissen zu treffen. Ich hatte immer gewollt, dass sie bis zu ihrem Tod zu Hause bleiben könnte. Doch als sie im Krankenhaus lag, wurde deutlich, dass sie viel mehr medizinische und pflegerische Unterstützung brauchte, als wir ihr würden geben können. Der Gedanke tat weh, aber ich merkte: Liebe, Zuwendung und Nähe allein genügten nicht. Was sie brauchte, war professionelle Pflege. Sie hätte nicht gewollt, dass ich mich aufopfere und zu Hause einen medizinischen Apparat um sie aufbaue. Sie hätte gewollt, dass ich für mich und meine Kinder in meiner Kraft bleibe. Mich innerlich mit meiner Mama zu verbinden und sie um Rat zu fragen, tat mir oft gut, und tut es auch jetzt noch, nach ihrem Tod.

10. MACH EIN KOMPLIMENT – UND GIB WERTSCHÄTZUNG

»Male ich schön?«, fragt meine kleine Tochter und zeigt auf das Bild, das sie gewissenhaft anfertigt. Meine Bestätigung und mein Lob spornen sie an weiterzumachen. Wenn sie sich besonders bemüht, versuche ich ihr das zu sagen. Mir geht es dabei weniger um das Ergebnis, sondern vielmehr darum, dass sie sich traut, etwas Neues zu probieren, oder dass sie weitermalt, obwohl es in ihren Augen vielleicht nicht perfekt ist. Von anderen Menschen ein ehrliches Lob zu bekommen, das motiviert ungemein. Wer oder was spornt dich an? Was deine Eltern?

Älter zu werden geht mit Einschränkungen und Herausforderungen einher. Die Leistungsfähigkeit, bei der Bewegung und im Denken, lässt häufig nach. Das ist zu einem gewissen Maß ganz normal und hat nun mal zur Folge, dass für unsere Eltern vieles anstrengender wird und der Alltag ihnen mehr Mühen abverlangt. Nur ist die Frage: Worauf schaust du? Auf das, was nicht mehr geht, oder auf das, was noch klappt? Als sich die Dinge bei meinen Eltern veränderten, habe ich fast nur die Verluste gesehen. All das, was Mama nicht mehr konnte, beklagte und betrauerte ich. Ich sah mit bangem Herzen, dass sie sich veränderte und vieles dessen, was sie früher mit Leichtigkeit gemacht hatte, nun nicht mehr ging. Sie hatte zum Beispiel immer viel und gern gebacken. Durch ihre Krankheit konnte sie nicht mal mehr die Vanillekipferl formen. Mama war nicht mehr Mama, wie ich sie kannte. Auch in der Familie sprachen wir meist über das, was nicht mehr ging. Papa erzählte, was alles nicht mehr klappte und wie anstrengend es für ihn wurde. Unsere Gespräche waren voller Sorgen und Ängste. Wir trauerten um das, was sich verlor.

Die Veränderungen, die durch eine Krankheit wie eine Demenz kommen, lassen sich nicht aufhalten, aber die Frage ist, wie ihr damit umgeht. Ich kritisierte und verbesserte anfangs oft, merkte aber, dass das weder meiner Mama noch mir half. Und auch an meinem Papa fallen mir mittlerweile vor allem die Dinge auf, die nicht mehr gehen. Dies und jenes klappt nicht mehr, und diese Veränderungen sind sehr augenfällig. Aber es ist wie eine Spirale, die immer weiter nach unten zieht. Doch was es brauchte und braucht, war und ist ein anderer Blick. Es hilft wenig zurückzuschauen, weil das Verlorene traurig oder wütend macht. Nach vorn zu schauen ist wichtig, aber wie sollte das bei einer fortschreitenden Krankheit wie Mamas Demenz gelingen? Es geht, so denke ich, vor allem um das Annehmen. Darum, die Veränderungen anzunehmen (was nicht heißt, dass du sie gutheißen musst!) und sie als Teil des neuen Alltags zu akzeptieren. Fachleute sprechen vom Konzept der radikalen Akzeptanz. Anzunehmen, was sich sowieso nicht verändern lässt, gibt Energie frei (und ja, das ist ein Lernprozess).

Ein Wendepunkt für mich war eine Situation, die mir im Nachhinein sehr leidtut. Meine Mama hatte eine Phase, in der sie viel abgewaschen hat. Ich konnte nicht nachvollziehen, warum sie nach jedem Essen abspülte, schließlich hatten meine Eltern doch eine Spülmaschine. Als sie einmal in der Küche stand und das aufgetürmte Geschirr in Angriff nehmen wollte, sagte ich, dass ich das machen würde und sie ins Wohnzimmer gehen könne. Ich war genervt, und mein Ton spiegelte das unmissverständlich. Im Flur fing Mama bitterlich an zu weinen. Am liebsten hätte ich mitgeweint, denn mir wurde schlagartig klar, dass ich sie verletzt hatte. Ich hatte ihr ihre Aufgabe genommen, die zeigte, dass sie weiter am Alltag teilhat und ihrer Familie etwas Gutes tun konnte, dass sie nicht nur eine Alzheimer-Patientin war. Das tat mir schrecklich leid, und ich versprach mir, künftig mehr darauf zu schauen, was ihr guttut, und sie dabei zu unterstützen.

Unser Blick geht oft unweigerlich auf das, was sich verabschiedet, was nicht mehr so funktioniert – das lenkt in Richtung Abschied und Verlust. Viel hilfreicher wäre der Blick auf das, was gut geht. Die Ressourcen zu finden und zu stärken. Diesen Perspektivenwechsel kannst du ganz bewusst herbeiführen – und zwar indem du ein Kompliment machst, ein aufrichtiges und ehrliches Kompliment.

Menschen möchten wertgeschätzt und gesehen werden, für das, was sie tun und was sie als Mensch sind. Durch Krankheiten oder Pflegebedürftigkeit ändern wir oft sehr schnell unseren Blick. Da steht die Diagnose im Vordergrund, und es wird über Therapien und Herausforderungen gesprochen (was zweifelsohne wichtig ist), aber siehst du noch den Menschen? Siehst du, was gut geht trotz der Herausforderungen? Erkennst du vielleicht sogar Dinge, die deine Eltern neu gelernt haben, obwohl es Mühe kostet? Dann sprich das aus und gib dein ehrliches, aufrichtiges Kompliment. Damit merken sie, dass sie gesehen werden, sie erhalten Lob und Ansporn. Zum Beispiel hatte ich mir angewöhnt, meinem Papa Danke zu sagen, dass er so liebevoll für Mama da ist. Aber auch, wie gut der Kuchen schmeckte, als er seine ersten Backversuche unternahm.

Es ist die positive Kommunikation, die den Unterschied

macht. Mit Zuversicht in die Zukunft schauen und an kleinen Stellschrauben drehen, das geht, wenn wir wertschätzend miteinander umgehen. Dein Lob, deine Anerkennung oder deinen Dank auszusprechen richtet den Blick auf das Gute – und kann euch ein klein wenig besser durch die Herausforderungen beim Älterwerden tragen.

II.

MITEINANDER SCHÖNE DINGE ERLEBEN

11. PACKT EINE KISTE – UND LEGT HERZENSGEGENSTÄNDE HINEIN

Wenn wir älter werden, spielt unsere Lebensgeschichte für die meisten Menschen eine wichtige Rolle. Mit der Zeit nehmen viele Fähigkeiten und Fertigkeiten ab, und es wird schwerer, den Alltag zu meistern. Was sie in ihrer Kindheit und Jugend erlebt haben, bleibt für viele Menschen jedoch lebendig. Drehen sich die Erzählungen und Unterhaltungen deiner Eltern auch vermehrt um vergangene Erlebnisse? Mir entlockte das anfangs häufig ein genervtes Augenrollen, aber mit der Zeit habe ich gemerkt, dass diese Erinnerungen eine wertvolle Ressource sein können und sehr wohltuend.

Eigentlich ist es kein Wunder, dass die Vergangenheit im Alter eine wichtige Stütze darstellt. Denn das, was wir über Jahrzehnte erleben und erfahren, verschwindet nicht spurlos. Es bleibt in uns gespeichert, hat es uns doch zu der Person geformt, die wir geworden sind. Expertinnen und Experten nennen das auch Leib- oder Körpergedächtnis. Selbst wenn wir nicht mehr aktiv über Erinnerungen und Erfahrungen sprechen können, so leben diese doch in uns weiter fort. Das ist übrigens auch einer der Gründe, warum es in meinen Augen falsch ist, alte Menschen mit kleinen Kindern zu vergleichen und sie entsprechend zu behandeln (was leider häufig passiert). Wer alt und pflegebedürftig ist, braucht zwar die Hilfe von anderen und ist mitunter auf sie angewiesen wie ein kleines Kind auf seine Eltern, aber diese Person steckt voller Erlebnisse und Erfahrungen, die sich auf die ein oder andere Weise zeigen.

An Menschen mit Demenz kann man dies oft sehr eindrücklich erleben. Ich erinnere mich an etliche Situationen mit meiner Mama, als ihr das Sprechen schon schwerfiel und sie sich mehr und mehr zurückzog. Wenn wir als Familie mit vielen Menschen am Tisch saßen, wurde sie immer ruhiger. An einem Weihnachten waren wir alle bei meinem Onkel eingeladen. Ich weiß noch, wie ich mir davor Gedanken machte, ob das Treffen Mama nicht überfordern würde. Doch statt über aktuelle Ereignisse zu reden, drehte sich das Gespräch um die Kindheit und Jugend. Mama erzählte so lebendig, wie ich sie schon lange nicht mehr erlebt hatte, plauderte von ihrem alten Musiklehrer und ihren Sportsfreundinnen, mit denen sie sich in ihrer Jugend nachmittags zum Leichtathletiktraining getroffen hatte. Diese Erzählungen befremdeten mich einerseits, weil Mama die Zeiten durcheinanderbrachte und meinte, ich wäre mit ihr zur Schule gegangen, aber gleichzeitig freute ich mich, denn sie war fröhlich und beschwingt wie lange nicht mehr.

Irgendwie logisch, dass schöne Erinnerungen an die Vergangenheit auch schöne Momente im Hier und Jetzt bewirken können und somit die Lebensqualität erhöhen. Auch wenn wir älter werden, Krankheiten oder abnehmende Fähigkeiten uns den Alltag erschweren, so lässt sich das Leben doch lebenswert gestalten. Die sogenannte Biografiearbeit ist eine Methode, die sich Fachleute zunutze machen. Es geht dabei darum, positive Erinnerungen zu pflegen oder wieder zu reaktivieren. Die Erinnerungen an Kindheit und Jugend sind im Langzeitgedächtnis oft gut verankert und lassen sich lange abrufen.

Diese Erinnerungen haben auch für die Person eine wichtige Funktion, denn sie stärken das Bild von sich selbst, schenken Selbstvertrauen und ein Gefühl der Selbstwirksamkeit, also der Überzeugung, aus eigener Kraft auch schwierige Situationen meistern zu können. Darüber zu sprechen, was man Schönes erlebt hat, tut der Seele gut.

Begib dich mit deiner Mutter und mit deinem Vater auf eine Erinnerungsreise, sammelt für sie wichtige Herzensgegenstände. Dabei können Dinge von früher hilfreich sein. Neben dem Sprechen und dem Schreiben ist es eine Idee aus der therapeutischen Biografiearbeit, eine Erinnerungskiste zu gestalten. In der Begleitung und Pflege werden solche Kisten benutzt, um mit den Personen ins Gespräch zu kommen und ihre Erinnerungen zu aktivieren. Dabei werden das Gedächtnis und Sprachzentrum angeregt. So kann das Erinnern an schöne Erlebnisse oder das Beschäftigen mit lieb gewonnenen Objekten einen freudigen Moment bescheren.

Was ihr in diese Kiste steckt, das könnt ihr individuell entscheiden. Häufig sind es Fotos von früher oder von wichtigen Lebensereignissen. Am besten beschriftet ihr sie auch. Bilder, die die Person bei einem Hobby oder einer Lieblingsaktivität zeigen, könnt ihr mit einer Erklärung versehen wie: »Jeden Sommer bin ich mit meinen Freundinnen Sabine und Hanne auf den Hausberg gewandert.« So können später auch Menschen, die deine Eltern nicht gut kennen und mit ihrer Vergangenheit nicht vertraut sind – Pflegende im Heim, die Enkelkinder oder Nachbarn –, ihnen von ihrer Lebensgeschichte erzählen, das Gedächtnis stärken und ein Lächeln zaubern.

Auch andere Herzensgegenstände könnt ihr in eine solche Kiste legen, sogar ungewöhnliche Dinge. Für meine Mama hatte ich beispielsweise ein paar ihrer Medaillen herausgesucht, Steine und ein Kartenspiel. In ihrer Jugend war sie Leistungssportlerin und gewann viele Medaillen, die sie sich dann an die Wand hängte. Sport und das Laufen waren für meine Mama immer wichtig gewesen, sie hatte dort Freundinnen gefunden, später ihren Mann kennengelernt, es wurde zu ihrem Beruf, und auch nach der Demenzdiagnose gaben das Laufen und kleine Laufwettkämpfe meiner Mama Halt. Den Stein legte ich hinein, weil sie sich als Geografielehrerin dafür interessierte und bei Wanderungen oft Steine sammelte. Das Kartenspiel sollte sie daran erinnern, wie sie zu Studienzeiten und in jungen Erwachsenenjahren leidenschaftlich gern Canasta gespielt hatte. Du siehst, es gibt nicht eine Liste zum Abhaken, sondern es kommt darauf an, in die Lebensgeschichte einzutauchen und individuelle Herzensgegenstände zu finden. Vielleicht entdeckt ihr beim Aufräumen den Hochzeitsschmuck und legt ihn dazu. Oder das Lieblingsparfum, eine Schallplatte mit den Lieblingssongs, die geliebte Mundharmonika, einen Ball, Mitbringsel aus dem Urlaub, Zeitungsartikel … So eine Kiste darf wachsen und sich immer wieder verändern.

Ich habe angefangen, auch für mich eine Kiste anzulegen, in der ich Lieblingsdinge aufbewahre. Immer wenn ich sie öffne und mich durch die Gegenstände an Schönes erinnere, macht mich das sehr froh. Vermutlich ist es nie zu früh – und auch nie zu spät, um solch eine Glücksbox zu gestalten. Was gehört in deine hinein?

12. KOCHT GEMEINSAM – UND ERFAHRE MEHR ÜBER DIE KINDHEIT DEINER ELTERN

Essen ist mehr als Nahrung aufnehmen und satt werden. Unsere Geschmacksvorlieben sind über lange Zeit erlernt – die Kindheit prägt besonders. Diese kindlichen Erfahrungen behalten wir meist ein Leben lang bei. Die Lieblingsgerichte der eigenen Kindheit werden zum Comfort Food, das uns auch Jahrzehnte später noch gute Gefühle in schlechten Momenten zaubern kann. Oder das zum Essen anregt, wenn wir wenig Hunger spüren.

Wie bei vielen pflegebedürftigen Menschen hatte sich auch

das Essverhalten meiner Mama verändert. Ihr fiel es zunehmend schwerer, mit Messer und Gabel, später auch selber zu essen. Ich erinnere mich an Momente, in denen sie das für sie mit Erdbeermarmelade bestrichene Brötchen in der Hand hielt und es hin und her schwenkte, als hätte sie komplett vergessen, dass sie es zum Mund führen muss. Sobald sie aber die geliebte Erdbeermarmelade geschmeckt hatte, biss sie ab.

Nach und nach haben wir meine Mama während der Mahlzeiten immer mehr unterstützt und ihr das Essen angereicht. Was ich dabei immer wieder merkte: Manche Lebensmittel aß sie mühelos und mit Freude. Bei anderen hingegen machte sie kaum den Mund auf. Ich hatte ein ziemlich gutes Gespür dafür, was ihr schmeckte, und konnte ihr das geben, was sie mochte. In meiner Jugend haben wir häufig zusammen gebacken und gekocht. Ich habe viel übers Kochen gelernt und dabei auch viel über meine Mama erfahren. Manchmal erzählte sie von ihrer Kindheit. Sie berichtete, dass sie schon immer süße Mehlspeisen mochte, am liebsten Grießbrei. Sie erinnerte sich an diese mehlige Soße, die ihre Mutter immer zu Kartoffeln machte, und wie schön es war, wenn sie im Sommer am Feuer Ungarischen Gulasch zubereiteten.

Es sind solche Anekdoten über Lieblingsgerichte, die dich mehr über deine Eltern erfahren lassen. Mit genau diesem Wissen kannst du ihnen helfen, falls sie pflegebedürftig sind. Denn das Essen ist dann für viele etwas, das für schöne Momente sorgt und ein Stück Lebensqualität schenkt. Bei kognitiven Erkrankungen beispielsweise steigt häufig das Risiko für Ernährungsprobleme, viele Menschen mit Demenz nehmen nicht ausreichend Nährstoffe zu sich, weil sie weniger Hunger verspüren oder das Essen schlichtweg vergessen. Oder sie sind immerzu in Bewegung, sodass es schwerfällt, ruhig am Tisch zu sitzen und zu essen.

Schreibe dein Wissen über die Lieblingsgerichte deiner Mutter und deines Vaters auf und hinterlege diese Aufzeichnungen bei den wichtigen Dokumenten. So sorgst du frühzeitig dafür, dass die Menschen, die mal bei der Pflege unterstützen werden – Familie, Freunde oder Pflegerinnen und Pfleger im Heim – über die Vorlieben Bescheid wissen und Genuss bescheren können. Wenn ihr Freude daran habt, etabliert zusammen Koch- und Back-Sessions. Und vielleicht legt ihr ein gemeinsames Rezeptebuch an, das ihr selber nutzen oder auch euren Kindern weitergeben möchtet.

Mittlerweile gehört es in vielen Pflegeheimen zum Standard, dass biografische Angaben erfragt werden, dass – wie im Kapitel zuvor bereits beschrieben – Biografiearbeit geleistet wird. Als meine Mama in ein Pflegeheim zog, bekam ich einen umfangreichen Fragebogen, meine »Hausaufgabe«, wie die Leiterin es formulierte. Diesen Fragebogen konnte ich allerdings nur zu einem Teil beantworten, über viele darauf notierte Punkte hatten wir nicht gesprochen. Da wurde etwa nach den Frühstücksritualen in der Kindheit gefragt, ob der Tisch an besonderen Tagen besonders gedeckt wurde und wie. Was es morgens und abends zum Trinken gab, ob dabei Radio gehört wurde oder es eher still war. All das sind hilfreiche Kleinigkeiten, die zum Essen anregen – und sie sind noch viel mehr: ein Bestandteil der eigenen Persönlichkeit und Routinen, die Halt geben können. Denn was und wie wir essen, das prägt sich oftmals schon früh und bleibt ein Leben lang erhalten. Beim Ausfüllen des Fragebogens halfen Mamas Bruder und Papa, die natürlich besser Bescheid wussten. Ihre Informationen gaben den Pflegerinnen nützliche Hinweise. Und meine Mama mit ihrer Vorliebe für Süßspeisen hat auch im Heim jeden Tag ein Stück Kuchen, einen Pudding oder Joghurt bekommen.

13. VERANSTALTET EINEN SPIELENACHMITTAG – MIT DEN ALTEN KINDERSPIELEN

Diese Idee möchte ich dir besonders ans Herz legen, wenn du Kinder hast, aber nicht nur dann. Denn von einem gemeinsamen Spielenachmittag mit deinen Eltern könnt ihr viel mitnehmen. Wenn wir miteinander spielen, dann verbringen wir Zeit miteinander. Wir lassen uns aufeinander ein und sind füreinander da. Es ist eine Abwechslung zum Organisieren und zu eher lästigen Pflichten des Alltags –und kann auch helfen, eingefahrene Situationen zu lösen. »Das Zusammensein mit den alten Eltern rutscht manchmal ganz unbeabsichtigt in die Monotonie«, schreiben Cornelia Kazis und Bettina Ugolini. Dass Spiele aus dieser Monotonie herausführen können, kann ich aus meiner eigenen Erfahrung bestätigen. Mal nicht darüber diskutieren, ob nun ein Umbau notwendig ist und wer sich um welche Anträge und Kostenvoranschläge kümmert, sondern einfach gemeinsam aktiv zu sein und uns auf eine leichte und unbeschwerte Art und Weise zu verbinden, tut ungemein gut.

Wie das gelingt und welche Spiele sich eignen, das ist individuell. Habt ihr ein Lieblingsspiel in der Familie? Bei uns war das lange Zeit Canasta, das meine Mama früher gern gespielt hatte. Ich fing an, es in meiner Jugend zu lernen und hatte große Freude daran. Wenn wir zusammen Karten spielten, erfuhr ich nebenbei auch Geschichten über die Familie, die sonst nicht so erzählt wurden. Manchmal hatte ich das Gefühl, dass wir so zu einer Bande wurden, weil ich diese Tradition der Familie weiterführte.

Auch wenn Krankheiten oder Einschränkungen auftreten, ist gemeinsames Spielen oft noch möglich und kann deinen

Eltern, dir und vielleicht auch deinen Kindern helfen, schöne Stunden zu verleben. Beliebte Spiele aus der Kindheit sind oft Mensch ärgere Dich nicht, Rummikub oder Memory. Falls das nicht mehr ohne Probleme funktioniert, könnt ihr die Spielregeln verändern oder nicht mehr ganz so streng auslegen. Beim Memory könnt ihr euch so behelfen, dass ihr mit weniger Karten spielt oder einen Teil der Paare auslegt, die anderen hingegen aus einem Stapel reihum ziehen lasst. Beim Rummikub erlaubt ihr vielleicht, dass jeder die Steine der anderen sieht, und unterstützt euch beim Auslegen, und beim Mensch ärgere Dich nicht zählt ihr gemeinsam. Spielen lädt ein, kreativ zu werden. Gut ist, wenn ihr mit ein wenig Flexibilität vorgeht.

Spiele und Spielsachen aus der Kindheit sind häufig auch Teil der Biografiearbeit, und beim Spielen könnt ihr euch über Kindheitserlebnisse unterhalten. Vielleicht haben deine Eltern auch Spielzeug von früher aufgehoben? Diese Gegenstände können dir Einblicke in ihr Leben liefern. Was hat ihnen Trost gespendet? Was war wichtig? Womit haben sie sich gern die Zeit vertrieben? Es geht dabei weniger um die Gegenstände an sich, sondern darum, Erinnerungen hervorzulocken, ins Gespräch zu kommen und im Hier und Jetzt Glücksmomente zu schaffen. Oft finden auch Enkelkinder das spannend: zu erfahren, womit Oma und Opa gespielt haben.

Übrigens: Spielen, das geht nicht nur drinnen, sondern auch draußen gibt es viele Möglichkeiten. Spielerische Aktivitäten fallen Menschen mit kognitiven Einschränkungen oftmals viel leichter als Spiele am Tisch. Sie regen genauso an und stärken Ressourcen. Ich erinnere mich an einen Frühlingstag bei meinen Eltern. Es war anstrengend, denn meine Mama war immerzu in Bewegung und ganz ehrlich: Ein Brettspiel hätte nicht funktioniert. Ich hatte es schon mal probiert, aber es war frustrierend, für mich, meine Mama und auch für meine Tochter.

Als wir im Keller waren, fiel mein Blick auf die bunten Boccia-Kugeln. Wir packten das Spiel im Garten aus und legten los. Meine kleine Tochter war voll Eifer dabei, und auch Mama hatte Freude daran. Der Moment war für mich so besonders, weil wir einfach fröhlich spielten. In dem Moment war die Krankheit mit all den sorgenvollen Gedanken weit weg. Und noch etwas passierte: Ich merkte, dass meine Mama noch viel kann. Gespräche waren längst schwierig geworden, aber sie konnte sich gut bewegen. Sie warf die Bälle mit Geschick und Freude. Und ganz klar: Je aktiver, umso besser für den Körper, auch um Bewegungen und Selbstständigkeit lange zu erhalten. Spielen trainiert nicht nur den Körper, sondern tut auch der Psyche gut.

Wenn Großeltern Pflege bedürfen, ist das auch für die Enkelkinder nicht so einfach. Zeit miteinander zu verbringen geht dann oft nicht mehr so gut, durch die kognitiven oder motorischen Einschränkungen. Für meine Kinder hätte ich mir eine Oma gewünscht, die mit ihnen spielen kann. Doch das war kaum möglich, stattdessen lernten meine Töchter schon früh, für die Oma da zu sein. Draußen mit dem Ball zu spielen schenkte ein paar unbeschwerte Momente miteinander.

Ich könnte jetzt eine Liste der Möglichkeiten aufzählen, die ihr spielen könnt. Doch du weißt vermutlich viel besser, was deinen Eltern eine Freude macht. Und falls nicht, dann kannst du dich mit ihnen auf den Weg machen, dies herauszufinden und einfach mal auszuprobieren.

14. SAMMELT DIE LIEBLINGSMUSIK – UND SORGT FÜR FREUDE

Musik hat eine ganz besondere Wirkung auf uns Menschen: Sie kann besänftigen, erheitern oder aufregen. Töne und Klänge haben das Potenzial, unsere Stimmung zu beeinflussen und zu verändern. Das ist eine Kraft, der wir uns oft nicht bewusst sind, die sich aber bewusst nutzen lässt. In vielen Ratgebern über Demenz las ich von der Magie, die von Musik ausgehen kann. Ich kannte die Erfahrungsberichte von Angehörigen und Pflegenden, die schilderten, wie Menschen wieder wacher und aktiver werden, wenn sie Musik hören, und dass manche gar anfangen zu singen, obwohl sie im Alltag kaum sprechen. Musik ist kein Heilmittel und kann keine Wunder vollbringen, aber sie kann sehr viel zur Lebensqualität beitragen. Es ist nicht so lange her, da habe ich das an meiner Mama beobachtet. Sie war in ihrer Welt versunken und schlief fast den ganzen Nachmittag, obwohl sie doch im Wohnzimmer mit uns war. Plötzlich fing sie an, mit den Füßen zu wippen, sie bewegte ihren Oberkörper hin und her und öffnete die Augen. Der Auslöser war eine Schlagersendung im Fernsehen. Von da an machte ich gezielt Schlagermusik an, wenn ich meine Eltern besuchte. Ich legte auch eine Playlist auf meinem Handy an, mit Liedern, die ich für Mama zusammenstellte und ihr immer mal wieder vorspielte.

Musik, das haben etliche Untersuchungen gezeigt, hat eine besondere Wirkung. Sie kann den Herzschlag verändern, den Blutdruck und die Atemfrequenz senken und so entspannen. Wenn wir beruhigende Musik anhören, werden körpereigene Hormone ausgeschüttet, die Stresshormone reduzieren. Damit lässt sich auch erklären, wie Musik sogar Schmerzen lindern kann und beispielsweise therapeutisch eingesetzt wird. Musik kann so intensiv wirken, weil für die Wahrnehmung die Kognition nicht so wichtig ist. Es geht ums Fühlen und nicht ums Verstehen. Musik wirkt viel direkter auf uns, auf unser Herz und unsere Emotionen.

Du musst jetzt nicht zur Therapeutin werden, sondern kannst dies auf einfache Art und Weise mit und für deine Eltern nutzen. Weißt du, was ihre Lieblingsmusik ist? Welche Lieder sie gern hören, wenn sie traurig sind, welche sie fröhlich werden lassen und wozu sie sich gern bewegen? Musik ist ja auch eine Generationenfrage, und ich erinnere mich durchaus mit Grauen an Schlager- und Volksmusiksendungen, die daheim liefen. Aber hier geht es ja nicht darum, dass du ihre Musik lieben lernen sollst (keine Sorge), sondern darum, zu wissen, welche Lieder deinen Eltern guttun und ihr Herz erfreuen. Zu wissen, dass ich meiner Mama mit Schlagern Freude bereiten konnte, war so etwas wie eine kleine Geheimwaffe für trübe Phasen. Dabei gilt nicht das Prinzip »Viel hilft viel«. Wenn die Musik den ganzen Tag dudelt, überfordert das oft. Achte darauf, dass du Lieder und Musik achtsam einsetzt.

Geht gemeinsam auf eine musikalische Reise und erforscht: Welche Lieder und Musikstücke waren und sind für deine Eltern wichtig? Was verbinden sie damit? Mit den Lieblingsliedern könnt ihr verschiedene Playlists erstellen, auf die ihr bei Bedarf zurückgreifen könnt. So eine Playlist ist übrigens auch hilfreich für andere Menschen, die eventuell mal im Pflegealltag eingebunden werden, wie Betreuerinnen oder Pflegerinnen. Je mehr sie über die Person wissen und über ihr Leben erfahren, umso besser können sie auf sie eingehen und sich um sie kümmern.

Wenn ihr die Lieblingsmusik anmacht, ist auch das ein Weg, mehr über die Lebensgeschichte deiner Eltern zu erfahren. Vielleicht werden durch das Anhören Erinnerungen an den

Abschlussball oder die Jugendpartys wach. Musik anzuhören löst nicht nur Emotionen aus, es trainiert auch das Gedächtnis, denn dabei werden die Verbindungen zwischen den Nervenzellen gestärkt. Diese Wirkung zeigt sich auch, wenn man ein Instrument spielt, singt oder zur Musik tanzt.

Vielleicht habt ihr Lust, tiefer zu graben und zu erforschen, welche Lieder eure Eltern als Kind mochten, und könnt die beruhigende Wirkung von Kinder- und Schlafliedern nutzen. Möglicherweise können diese in herausfordernden Situationen bei Angst und Unruhe beruhigen.

Du weißt nicht genau, welche Lieder deine Mutter und dein Vater mögen? Dann kannst du dich dennoch auf eine musikalische Erkundungsreise begeben. Schau dir die Charts der Jugendjahre an. Was wurde häufig gespielt, als sie jung waren? Woher stammen deine Eltern? Was war da beliebt? Probiert aus und lasst euch auf die Musik ein. Vielleicht macht ihr auch neue Entdeckungen. Mir war Mamas Freude an Schlagermusik nicht ganz neu, aber ich erlebte sie als besonders, weil diese Freude und der körperliche Einsatz sich zeigten, als vieles andere schon gegangen war. Es war schön, zu sehen, wie Mama zu der Musik auflebte und mit den Beinen wippte. Dass sich das Ausprobieren lohnt, haben mir auch meine Töchter gezeigt, als sie mit meiner Mama im Wohnzimmer tanzten. Einfach mal machen und miteinander Spaß haben, das habe ich in diesem Moment von ihnen gelernt.

15. BUDDELT ZUSAMMEN IM GARTEN – UND NUTZT DIE KRAFT DER NATUR

Haben deine Eltern einen Garten? Perfekt! Egal, ob groß oder klein, unterstütze sie dabei, diesen weiterhin zu behalten. Der Aufenthalt in der Natur tut einfach gut. Verschiedene Studien haben dies belegt. Wusstest du, dass schon 15 Minuten Bewegung im Grünen zu einem Abbau der Stresshormone im Blut führen? Der Gesundheitseffekt ist das eine, es geht aber noch um etwas anderes: Gärtnern regt nicht nur zum Bewegen an und hält auf Trab, sondern lockt Erinnerungen hervor und stärkt Fähigkeiten und Fertigkeiten.

In der Natur zu sein wirkt sich positiv aus. Für viele ältere Menschen sind Natur und Gartenarbeit mit ihrer Lebensgeschichte und Erinnerungen an Kindheit und Jugend verbunden. Es ist eine Ressource, die ihnen helfen kann und die sich für euer Miteinander nutzen lässt. Was dabei wichtig ist? »Ein Garten muss neugierig machen«, sagte mir die Gartentherapeutin Ulrike Kreuer in einem Interview. Sie legt Gärten unter anderem in Pflegeeinrichtungen an und weiß, was gut ankommt und wie ein Garten idealerweise gestaltet ist. Er soll anregen, zu Aktivitäten und Gesprächen, und dadurch Freude schenken.

Besonderes Augenmerk legt sie darauf, dass der Garten barrierefrei und gut zugänglich ist, sodass er leicht erkundet werden kann. Diese Wohlfühlorte kannst du mit und für deine Eltern schaffen. Beim Gestalten lohnt es sich, die Vorlieben und Lebensgeschichte deiner Eltern einzubeziehen. Wenn jemand zeit seines Lebens Freude an Blumen hatte, dann wird dies auch im Alter der Fall sein. Weiß blühender Bauernjasmin etwa sei eine gute Wahl, meinte Ulrike Kreuer, denn der blühe üppig und dufte. Auch Kletterrosen seien beliebt.

Aber es müssen gar nicht immer Blumen sein. »Ein Gemüsegarten ist wie ein alter Bekannter für viele Menschen«, sagte die Expertin. Denn er schenkt Vertrauen und Geborgenheit, weil er bekannt ist. Zudem gebe es im Nutzgarten immer etwas zu tun. Diese Aufgaben bringen sichtbare Erfolge – die Blumen wachsen, Gemüse und Obst reifen – und vor allem das Gefühl von Selbstwirksamkeit mit sich. Vielleicht ist euer Garten also gar keiner mit Rosen und Tulpen, sondern einer mit Kartoffeln, Bohnen und Johannisbeeren. Heute ist das oft die Ausnahme, aber damals, als unsere Eltern jung waren, waren Nutzgärten wichtig, und diese Erfahrungen haben natürlich geprägt.

Das Interesse an der Natur bleibt oft lange bestehen. Zusammen mit deinen Eltern zu gärtnern gibt ihnen eine Aufgabe und die Möglichkeit, die Erfahrungen aus ihrer Kindheit und Jugend mit dir zu teilen – und du erhältst wertvolles Erfahrungswissen.

Meine Mama hatte immer einen grünen Daumen, und dank ihr blühte und grünte der Garten meiner Eltern. Draußen zu sein und im Garten zu arbeiten gab ihr Halt, als sie an Demenz erkrankte. Selbst als die Krankheit schon fortgeschritten war und vieles nicht mehr ging, war Mama dort aktiv, zupfte von den Blumen die braunen Blüten ab. Gartentherapeutin Kreuer meinte, dass ich versuchen sollte, dieses Interesse so lange wie möglich zu unterstützen. »Man kann beispielsweise Geranien pflanzen, da gibt es immer was zu tun«, lautete ihr Rat. Wir hatten etliche Geranien und Staudengeranien und, ja, sie hielten Mama auf gute Art und Weise auf Trab. In der Erde zu buddeln, Laub zu harken oder braune Blätter zu zupfen, das sind Aktivitäten, die uns zeigen, dass wir etwas bewirken können. Die Natur ermöglicht sinnliche Erfahrungen und ein Wohlgefühl, wenn vieles beschwerlich wird. Zu arbeiten oder auch einfach ein paar Schritte durch den Garten zu flanieren, das gibt ein Stück Normalität, und genau das ist es doch, was guttut.

Aber klar, so ein Garten bringt jede Menge Arbeit mit sich und erfordert Zeit. Und nicht jeder hat einen eigenen Garten. Naturerfahrungen lassen sich auch auf dem Balkon oder gar in der Wohnung gestalten. Ihr könnt Blumentöpfe mit Geranien auf die Fensterbank stellen oder einen Kräutergarten in der Küche oder auf dem Balkon anlegen. Diese Beschäftigungen ermöglichen intensives Fühlen und Riechen und die Freude, dass da etwas wächst und gedeiht.

Auch Spaziergänge in der Natur, im nahe gelegenen Park oder über Wiesen und Felder schaffen Räume zum Durchatmen, Auftanken und Zusammensein. Und wenn auch das nicht mehr geht? Dann bringst du vom Spaziergang etwas aus der Natur mit. Einen Tannenzapfen zum Streicheln, eine Holunderblüte zum Riechen, Brombeeren zum Naschen – all das waren Dinge, die wir meiner Mama mitgenommen haben, als sie kaum noch gehen konnte. Die Natur ist auch deshalb so besonders, weil sinnliche Erfahrungen im Vordergrund stehen, gelebte Achtsamkeit und Miteinander: das Riechen, das Schmecken, das Fühlen. Wenn wir uns darauf einlassen, gibt uns die Natur sehr viel.

16. ZEICHNET EINEN FAMILIENSTAMMBAUM – UND FINDET EURE WURZELN

Weißt du, wer deine Vorfahren sind? Wer die Ahnen deiner Mutter, deines Vaters sind? Wie lebten sie? Welchen Berufen gingen sie nach? Du magst jetzt vielleicht denken, dass das doch nicht so wichtig ist. Zum einen ist es viele Jahre her, und zum anderen soll es hier ja um dich und deine Eltern gehen. Aber wie wir leben und an welchen Werten wir uns orientieren, steckt oft viel tiefer in uns, als uns bewusst ist. In der Kindheit haben unsere Eltern Werte vorgelebt und mitgegeben, die fortdauern. Wie wir als Erwachsene damit umgehen, kann verschieden sein: Vielleicht zelebrieren wir diese Werte, vielleicht rebellieren wir dagegen, möglicherweise ist es irgendetwas dazwischen.

Die Neuropsychologin Katja Werheid rät in ihrem Ratgeber *Nicht mehr wie immer* dazu, mit den Eltern über Werte zu sprechen. Das Wissen um gemeinsame Werte stelle eine gute Basis dar und helfe bei schwierigen Gesprächen, wenn die Eltern hilfebedürftig werden, so Werheid. Dem kann ich nur zustimmen und möchte dich ermutigen, dich auf die Suche nach euren Familienwerten zu begeben.

Gespräche über das Pflegen und Kümmern sind oftmals nicht einfach. Wenn verschiedene Meinungen aufeinandertreffen, kann es passieren, dass Fronten entstehen und ihr euch wie zwei Kämpfende gegenübersteht. Oder aber ihr entfernt euch voneinander, weil sich die Ansichten so sehr unterscheiden. Dahinter können auch verschiedene Bedürfnisse stecken, Verletzungen und Erfahrungen der Kindheit, die zuvor nie einen Raum gefunden haben. In solchen Gesprächen wieder zusammenzufinden, das fällt schwer. Es kann helfen, wenn ihr euch auf eure Familiengeschichte und gemeinsame Werte besinnt. Den Fokus wieder auf die Gemeinsamkeiten zu legen, das bringt uns (wieder) zusammen und gibt deinen Eltern Orientierung. Denn das Bekannte schenkt Vertrauen und Geborgenheit. Die Sicherheit und den Schutz, die verlieren Menschen oft im Alter, weil vieles Gewohnte nicht mehr so funktioniert und sich der Körper verändert. Sich mit Vertrautem zu verbinden kann da hilfreich sein.

Uns unserer Werte wie Ehrlichkeit oder Hilfsbereitschaft bewusst zu sein, bietet eine gute (Gesprächs-)Basis. Allerdings ist das auch ziemlich abstrakt. Macht euch auf die Suche nach euren Wurzeln und den Familienwerten, indem ihr die Familienmitglieder anschaut. Frage deine Eltern nicht nur nach den Namen ihrer Eltern, sondern tauche ein in deren Leben und wie sie als Kinder erzogen wurden. Wo und wie sind sie aufgewachsen? Wie haben sie ihre Eltern und Großeltern erlebt? Welche Werte waren ihnen wichtig? All das kannst du in einem Stammbaum einzeichnen. So habt ihr die Personen vor Augen, die Teil der Vergangenheit sind und bis ins Heute überdauern.

Die Besinnung auf eure gemeinsamen Wurzeln – Werte, Hobbys oder Aktivitäten – kann euch auch gute Dienste tun, wenn es darum geht, über Pflegebedürftigkeit zu sprechen und Entscheidungen zu treffen. Es kann euch helfen, milder zu urteilen und zu verstehen, warum manche Aussagen bestimmte Reaktionen nach sich ziehen.

In meiner Familie väterlicherseits etwa wurde Sportlichkeit immer als wichtig erachtet. Mein Papa hatte wenig Informationen über seine leibliche Mutter, aber zu erfahren, dass sie eine gute Sportlerin gewesen sei, machte ihn stolz. Ich selber bin durch meinen Vater zur Leichtathletik gekommen und habe in meiner Jugend viel Sport getrieben. Heute kann ich sehen, dass dies nicht nur mein Hobby ist, sondern auch ein Wert unserer Familie. Dieses Wissen schafft eine besondere Verbindung. Es hilft mir, auf ihn zuzugehen, und bietet auch Gesprächsstoff.

17. ERKUNDET DIE ALLTAGSORTE – UND GEHT AUF EINEN KAFFEE INS PFLEGEHEIM

Weißt du, welche Orte daheim für deine Eltern wichtig sind? Wo verbringen sie gern ihre Zeit? In welche Geschäfte oder Cafés gehen sie? Wo treffen sie Bekannte und Freunde? Was gefällt ihnen an ihrer Stadt oder ihrem Dorf – und worauf möchten sie keinesfalls verzichten? Ich kannte die Antworten auf diese Fragen nicht wirklich. Vor vielen Jahren, als ich noch daheim lebte, hätte ich sie leichter beantworten können. Doch nachdem ich mit 19 mein Heimatdorf verlassen hatte, wurden die Alltagsorte meiner Eltern mir fremd. Ich besuchte Mama und Papa regelmäßig, doch das meist an Feier- und Geburtstagen. Wir verbrachten die Zeit dann daheim oder mit Spaziergängen. Weder war ich im Dorf unterwegs noch in unserer nächstgelegenen Kleinstadt, den Alltag meiner Eltern erlebte ich nicht mehr wirklich. Von den Veränderungen vor Ort bekam ich nur wenig mit.

Dass mir eine ganze Menge praktisches Wissen fehlte, merkte ich besonders, als nach der Alzheimerdiagnose meiner Mama die große Frage im Raum stand, ob meine Eltern in ihrem Haus wohnen bleiben könnten oder ob sie umziehen müssten und falls ja, wohin? Welche Dienstleistungen und Unterstützungsangebote gab es überhaupt in ihrer Umgebung? Die wenigsten Angehörigen haben vermutlich dieses Wissen im Detail parat, bevor ein Elternteil pflegebedürftig wird. Doch ich fühlte mich wie eine Fremde. Mir fehlte nicht nur Wissen, was meinen Eltern wichtig wäre an einem Pflegeheim, sondern ich hatte auch keine Ahnung, welche Einrichtungen es bei ihnen gab. Lange hatten mein Bruder und ich versucht, meinen Papa von der Notwendigkeit zu überzeugen, sich zu informieren. »Das hat noch Zeit«, meinte er jahrelang. Mein Bruder und ich besprachen uns und entschieden, dass wir nicht warten wollen, sondern anfangen, uns zu informieren: Wir wollten jeder in unseren Städten nach Angeboten schauen und auch bei meinen Eltern vor Ort. Dazu gehörte auch, dass wir wieder mehr Zeit in der alten Heimat verbrachten. Ich unternahm kleine Stadtspaziergänge, auch mit dem Blick, ob meine Eltern im Dorf oder in der nahe gelegenen Kleinstadt leben konnten.

Sich von den Eltern eine kleine Stadt- oder Dorfführung geben zu lassen oder mit ihnen die Heimat zu erkunden, bringt euch zunächst einmal eine schöne gemeinsame Aktivität. Es sind Glücksmomente, die ihr sammeln könnt (und ins Marmeladenglas stecken, schaut mal zu Tipp 20). Zum anderen bekommst du ein Gefühl dafür, was deinen Eltern wichtig ist und was sie gar nicht mögen. Als Mamas Probleme beim Treppengehen immer stärker wurden, kam das Thema Betreutes Wohnen auf. Eigentlich schien es eine gute Möglichkeit, denn Mama würde Unterstützung bekommen, Papa hätte Entlastung. Wir hatten sogar Glück, und eine Wohnung war gerade frei geworden. In meinen Augen schien alles ideal: Die Wohnung lag zentral, in der Nähe der Tagespflege, sodass Mama von den Mitarbeitenden geholt und gebracht hätte werden können. Papa hätte kürzere Wege gehabt und seine Besorgungen zu Fuß erledigen können. Als wir durch den Ort spazierten und dann vor dem Betreuten Wohnen standen, war er skeptisch. Später sagte er, er könne sich auf keinen Fall vorstellen, dort zu wohnen. Überall seien nur Mauern, alles wirke grau – und nicht so grün wie im Dorf, so mein Vater. Irgendwie war klar, dass diese Möglichkeit nach pragmatischen Gesichtspunkten gut wäre, aber das Gefühl, das stimmte nicht.

Über den Umzug in ein Betreutes Wohnen oder Pflegeheim zu sprechen fällt auch deshalb so schwer, weil es oft sehr theoretisch ist. Aber sich vor Ort umzuschauen und einer Einrichtung wirklich zu nähern, das gibt noch mal mehr Informationen. Die Frage ist ja nicht nur, ob sich deine Eltern dort wohlfühlen, sondern auch, ob das Gesamtpaket passt. Gibt es Ärzte und Ärztinnen in der Nähe? Welche Dienstleistungen lassen sich gut erreichen? Wie ist die Infrastruktur? All diese Dinge könnt ihr bei einer Stadt- oder Dorferkundung herausfinden.

Die Frage nach dem Umzug im Alter lässt sich nicht so leicht beantworten, denn sie hängt von den Umständen ab und der individuellen Lebenssituation. Diese Punkte im Hinterkopf helfen dir, die Situation besser einzuschätzen: Wie gut sind eure Eltern vor Ort eingebunden? Haben sie dort Freunde, Bekannte, weitere Familienmitglieder, ihr soziales Netz? Gibt es Angebote zu pflegerischer Unterstützung und Hilfe – und kommen die infrage? Können sie sich überhaupt vorstellen, an einen anderen Ort zu ziehen? Selbst wenn die kognitiven Fähigkeiten nachlassen, bleiben die Gefühle doch, und dazu zählen die Emotionen, die wir mit dem Heimatort verbinden, die Orientierung, die dieser bietet. Es ist eine schwierige Balance zwischen Festhaltenwollen und Loslassenkönnen, doch auch euer Lebensglück ist ein Teil dieser Rechnung.

Wie also das Thema angehen? Zum einen hilft es natürlich, Ratgeber zu lesen und sich ganz grundlegend über Optionen zu informieren. Dann aber auch, konkret zu werden. »Ich rate den Angehörigen immer dazu, sich frühzeitig damit auseinanderzusetzen, auch mal in ein Pflegeheim zu gehen. Und zwar mit Neugierde und Offenheit«, sagte mir Anja in einem Podcastgespräch. Gut geeignet für solche Besuche sind zum Beispiel ein Tag der Offenen Tür. Manche Pflegeheime haben sogar ein kleines Café. Ihr könnt natürlich Vergleichslisten im Internet lesen, und das ist auch wichtig, aber ich würde dir raten, dich unbedingt auch vor Ort umzuschauen, auch wenn dir der Gedanke daran schwerfällt.

Mein erster Besuch in einem Pflegeheim war ein eher unfreiwilliger. Es handelte sich um einen beruflichen Termin, und er bereitete mir Bauchweh wegen meiner Mama. Aber schon im Foyer sah ich: Dieses Heim hatte nichts mit dem Horrorfilm in meinem Kopf zu tun. Es wirkte dort freundlich und hell, so ganz anders als in meinen trüben Fantasien. Ich nahm an der Führung durch das Haus teil, ein wenig mit mulmigem Gefühl, weil ich immerzu an Mama denken musste. Wir kamen zu einem Doppelzimmer, was ich mir nicht im Geringsten für meine Mama vorstellen konnte. Aber die beiden Damen, die sich das Zimmer teilten, erzählten munter von ihrem Alltag. Gefragt, ob das nicht schwierig sei so zu zweit, lautete die Antwort: Nein, eigentlich sei das sogar sehr schön, weil immer jemand zum Erzählen da sei. Dieser Gedanke gefiel mir, und ich weiß noch, wie mich eine kleine Welle der Überraschung überrollte. Das war ein Aspekt, den ich nicht mal ansatzweise erwartet hatte. Die Besichtigung war dennoch anstrengend, und ich weinte danach, weil für mich ein Pflegeheim die nächste Stufe in der Begleitung meiner Mama bedeutete. Und doch hatte ich gleichzeitig eine positive Erfahrung gemacht. Als eine Art Teststufe probierten wir später eine Kurzzeitpflege aus. Wir wollten schauen, ob Mama sich dort wohlfühlen würde, wie Papa mit dieser Situation klarkam. Als meine Mama dann schließlich in ein Pflegeheim umzog, fiel mir das schwer, aber die Entscheidung hatte bis zu diesem Punkt viel von ihrem ursprünglichen Schrecken verloren. Gleichzeitig war mir bewusst, dass dies der letzte Umzug sein würde, was mein Herz doppelt schwer werden ließ. Ich war emotional allerdings nicht komplett unvorbereitet, weil ich mich davor schon mit dem Thema beschäftigt hatte.

Fangt frühzeitig damit an, euch zu einem Pflegeheim Gedanken zu machen. Geht mal eine Runde durch euer Dorf oder eure Stadt, zusammen oder allein, entdeckt die Lieblingsorte eurer Eltern. Nutzt die Möglichkeiten, euch über Optionen für die Zukunft zu informieren und euch gleich mal vor Ort umzuschauen, zum Beispiel an einem Tag der Offenen Tür in eine Tagespflegeeinrichtung oder ein Pflegeheim zu gehen – oder, falls es ein Café gibt, dort ein wenig Zeit zu verbringen und die Umgebung zu erkunden.

18. VERREIST GEMEINSAM – UND ENTDECKT DIE ORTE DER KINDHEIT

Vielleicht geht es dir ja ähnlich: Ich bin mit den Kindheitserzählungen meines Vaters aufgewachsen. Er wurde im Krieg geboren, verlor die Eltern und wurde als kleiner Junge mit seiner Schwester vertrieben. Diese Geschichte hat mich begleitet, seit ich denken kann. Was diese traumatische Erfahrung für meinen Vater aber wirklich bedeutet und wie sie sich bis heute auf sein Leben auswirkt, das habe ich erst Jahrzehnte später erfahren: Als wir in seine Geburtsstadt reisten und die Orte seiner Kindheit besuchten, auch Papas Schwester und deren Tochter waren dabei. Mit ihm dort zu sein hat mir ein besseres Verständnis für scheinbar schrullige Macken gegeben und hilft mir auch jetzt nachzuvollziehen, warum ihm bestimmte Dinge wichtig sind und er an Sachen festhält, die ich schon längst losgelassen hätte.

Eine gemeinsame Reise in die Vergangenheit hat das Potenzial, ein besonderes Verständnis füreinander zu schaffen. Als wir dort standen, wo einst das Haus gewesen war, in dem mein Papa gelebt hatte, und seine Straße entlanggingen, bekamen die alten Erzählungen ein Gesicht. Das lag möglicherweise auch daran, dass wir diese Reise unternommen haben, als meine älteste Tochter in dem Alter war, in dem mein Vater damals gewesen war, als er vertrieben wurde. Ich wusste, dass er als Kind seine Familie verloren hatte, seine Erzählungen hatten mich seit jeher betrübt. Aber mit ihm und meiner Tochter durch die Stadt zu laufen, die mal Papas Heimat gewesen war, und mir vorzustellen, dass er als kleiner Junge auf sich allein gestellt gewesen war, das hat mich sehr berührt.

Mein Vater wusste nicht mehr viel, aber vor Ort erkundeten wir die Gegend, sahen, wo das Haus der Familie gestanden hatte, den Park, in dem sie gespielt hatten, und auch das Waisenhaus, in das er und seine Geschwister gebracht wurden und in dem es ihnen nicht gut erging. Papas ältere Schwester, die nie viel von ihrer Heimat gesprochen hatte, begann zu erzählen – und ich erhielt Einblick in die schweren Kindheitsjahre. Der vermeintliche Starrsinn, sich nicht helfen lassen zu wollen, erschien mir nun in einem anderen Blickwinkel. Mein Papa hatte sich nur auf sich selbst verlassen können. Eine Kindheit voller Verluste, schon früh auf sich achten und für sich sorgen zu müssen, um zu überleben – und zu erfahren, dass man niemandem vertrauen kann, das prägte ihn sein Leben lang.

Wenn ihr gemeinsam verreist, gibt es viel Zeit für Gespräche und die Möglichkeit, einander besser zu verstehen. Mal die Perspektive zu wechseln, die Welt mit den Augen deiner Eltern zu sehen und auf diese Weise nachzuvollziehen, was sie beeinflusst hat und wieso sie bestimmte Ansichten haben. Ich verstand auf der Reise, dass mein Papa ohne seine Eltern aufwachsen musste, ohne Sicherheit, ohne Netz. Sein stets ausgeprägter Wunsch, es allein zu schaffen, war weder Starrsinn noch Unwillen, sondern entstammte einer grundlegenden Erfahrung, die er früh in seinem Leben gemacht hatte: Ich bin allein, ich muss es ohne Hilfe packen. Das habe ich an den Orten der Kindheit erstmals richtig verstanden, nicht nur mit dem Kopf, sondern mit dem Herzen.

Während einer gemeinsamen Reise erfährst du natürlich auch, was deine Wurzeln sind. Es gibt in der Regel nicht nur einen Ort, der für deine Mutter und für deinen Vater eine Bedeutung hat. Vielleicht könnt ihr diese Orte nach und nach bereisen und so die Familiengeschichte erlebbar machen, für deine Eltern und auch für dich und möglicherweise deine Kinder. Findet heraus, was die Orte deiner Eltern sind. Woher stammen sie? Wie haben sie gewohnt? Wo haben sie ihre Zeit verbracht? Was waren ihre Lieblingsplätze? Wagt den Blick in die Familiengeschichte. Und überlege dir schon mal: Was sind deine Orte der Kindheit? Welche Plätze und Geschichten würdest du mit deinen Kindern oder guten Freunden und Freundinnen teilen wollen? Nimm dir Zeit für solch eine Reise, es lohnt sich.

19. FINDET EIN NEUES HOBBY – UND HALTET DAS GEDÄCHTNIS FIT

Je älter wir werden, umso mehr nimmt die Leistung des Gehirns ab. Das ist leider ein Stück weit ganz normal. Damit können Erinnerungsprobleme einhergehen, aber auch Konzentrations- und Orientierungsschwierigkeiten. Den Alltag zu gestalten, fällt vielen Menschen schwerer. Dieser Prozess lässt sich nicht aufhalten, aber durchaus beeinflussen. Menschen, die geistig rege bleiben, können kognitive Veränderungen und Gedächtnislücken besser ausgleichen und berichten von einer höheren Lebensqualität. Fachleute raten daher dazu, so lange wie möglich aktiv zu bleiben und Tätigkeiten nachzugehen, die das Gedächtnis anregen. Hier kommen neben Sport auch andere Freizeitaktivitäten und künstlerische Hobbys ins Spiel. Das kann Musizieren oder Singen sein, Stricken oder Zeichnen, Modellbauen oder Theaterspielen – eigentlich ist es egal, welches Hobby es ist. Es kommt darauf an, dass deine Eltern es regelmäßig tun und es geistig anregend ist. Wenn sie in der Vergangenheit bestimmte Aktivitäten gepflegt haben, profitieren sie davon, weiter dabeizubleiben.

Es kann aber sein, dass sie sich zurückziehen. Besonders depressive Verstimmungen gehen häufig mit Antriebs- oder Interessenlosigkeit einher. Auch in den frühen Phasen einer Demenz zeigen viele Menschen diese Veränderungen, und es fällt ihnen schwer, sich zu motivieren. Das wirkt allerdings langfristig wie ein Teufelskreis: Das Gedächtnis erhält weniger Anregung, was mit der Zeit zu einer Abnahme der Fähigkeiten und Leistungen führt. Wer weiterhin aktiv bleibt und das Gehirn fordert, fördert auch das Gedächtnis.

Falls deine Eltern sich von ihren Lieblingsbeschäftigungen zurückziehen, versuche herauszufinden, woran das liegt. Möglicherweise sind es praktische Probleme, zum Beispiel, dass sie den Weg dorthin nicht mehr allein nehmen möchten. Vielleicht fühlen sie sich unsicher, weil das Gewohnte nicht mehr so einfach von der Hand geht. Womöglich liegt es aber auch nur daran, dass sie den Termin vergessen haben oder sich nicht allein aufraffen können. Es kann helfen, wenn du deine Eltern ermutigst oder begleitest. Du kannst auch Bekannte oder Freunde deiner Eltern um Unterstützung bitten. Oder nachbarschaftliche Hilfe nutzen, etwa eine Begleitung zur Skatrunde organisieren oder eine Freundin bitten, deine Mutter dienstags zum geliebten Chor zu bringen, wenn ihr das selber nicht mehr gelingt.

Meine Mama beispielsweise war lange Teil einer Bastelrunde. Vor Ostern und Weihnachten hatte sie sich immer mit befreundeten Kolleginnen getroffen, um Oster- oder Weihnachtskränze oder -gestecke zu basteln und damit dann unser Haus zu dekorieren. Sie war immer sehr geschickt und kreativ gewesen, das ging ihr durch die Demenz allerdings nicht mehr so leicht von der Hand. Und doch luden die Kolleginnen sie weiter ein, Papa begleitete sie, und so konnte Mama Teil der Runde bleiben. Sicher, die Gestecke waren nicht mehr so hübsch wie früher, aber das war egal, denn es ging um den Weg statt um das Ziel, um die schöne gemeinsam verbrachte Zeit.

Auch in puncto Kreativität spielt die Lebensbiografie eine wichtige Rolle. »Je bekannter der Schlüsselreiz ist, desto kreativer und selbstständiger kann die bekannte Beschäftigung geschehen«, erklärt Altentherapeutin Ruth Wetzel in ihrem Buch *Was mit Demenz noch alles geht*. Sie weist darauf hin, dass Männer und Frauen häufig unterschiedliche Angebote bevorzugen. Hilfreich ist es, wenn die Aktivitäten einen Bezug zu ihrem bisherigen Leben aufweisen. Erforscht die Lebensbiografie und findet heraus, welche Aktivitäten deinen Eltern Freude bereiten. Wenn die Hobbys der Vergangenheit nicht mehr so gut funktionieren, könnt ihr nach Abwandlungen schauen. »Man sollte auf eine Überforderung aufpassen«, rät Ruth. Statt einen Pullover zu stricken, strickt einen Schal. Vielleicht findet ihr ja auch ein gemeinsames Hobby?

Solche Aktivitäten kannst du gemeinsam gestalten, auch wenn sich die Vorlieben oder Fähigkeiten und Fertigkeiten verändern (und das werden sie wahrscheinlich tun) – und dann tust du gut daran, flexibel zu bleiben und dich auf den Moment einzulassen. Ich merkte das an einem Tag im Sommer vor einigen Jahren. Wir waren bei meinen Eltern, und meine Töchter wollten malen. Also suchte ich Pinsel, Papier und Farben und trug alles im Garten zusammen. Die Kinder malten, und ich hoffte, dass Mama, die immer kreativ gewesen war und wunderschön gezeichnet hat, spontan mitmachen würde. Ich gab ihr den Pinsel, voller Hoffnung, aber sie wusste nicht, was sie damit tun sollte. Sie hielt ihn einfach in der Hand. Und doch wurde es ein schöner Nachmittag, denn Mama war dabei und lachte. Statt ihr hatte mein Papa irgendwann zum Pinsel gegriffen und gemalt. Es war eine Pause von einem schwieriger werdenden Alltag.

Seid mutig und probiert aus – und akzeptiert es, wenn es nicht so klappt. Es lohnt sich, für Neues offenzubleiben und neue Hobbys auszuprobieren. Auch im Alter, auch mit einer Demenzerkrankung, kann ein Gehirn Neues lernen. Wenn wir älter sind, passiert das vielleicht nicht mehr so schnell wie in jungen Jahren, aber die Nervenzellen können immer wieder Verbindungen entwickeln. Als besonders anregend gelten musische Aktivitäten, aber auch hier heißt es: Gut ist, was Freude macht. »Die Beschäftigung steigert auch das Selbstwertgefühl«, erklärt Ruth. Und nicht nur das Tun an sich, auch der Kontakt mit anderen hält geistig fit.

20. LEERT EIN MARMELADENGLAS – UND FÜLLT ES MIT FEINEN MOMENTEN

Pflegen ist mehr als ein wenig Helfen, es ist oft ein knallharter Rundumjob. Die leichten, schönen Momente geraten dabei manchmal leicht außer Sicht. Aus diesem Grund möchte ich dich einladen, Zeit für schöne Momente einzuplanen und diese gezielt festzuhalten. Das kann ein gemeinsamer Ausflug sein, ein besonderer Satz, der gesagt und gehört wird, oder das Eis, das ihr zusammen auf der Terrasse esst. Wenn du diese kleinen, feinen Momente aufschreibst, hältst du sie fest und kannst immer wieder darauf zurückschauen. So formst du nicht nur eine Erinnerung, sondern sorgst auch dafür, dass sie bleibt. Du kannst diese Momente des Glücks in ein Journal schreiben. Oder du leerst ein Marmeladenglas und sammelst sie darin, notiert auf kleinen Zetteln. Du kannst das Glas mit deinen Eltern auch teilen oder für ein Jahr anlegen. Jeder darf die schönen Momente hineinlegen, und am Jahresende schaut ihr zusammen zurück. Vielleicht willst du solch ein Glas auch als Geschenk verschenken: mit den schönsten gemeinsamen Erlebnissen.

Wenn du schöne Momente aufschreibst, kann das auch deinen Blick verändern. Es macht dich achtsamer dafür und kann dich aufheitern und dankbarer machen für das gemeinsam Erlebte. Wenn man genau hinschaut, gibt es an den allermeisten Tagen Dinge, die schön waren und für die wir dankbar sein können. Manchmal sind sie so klein, dass wir sie vielleicht nicht sofort sehen. Oder sie unter all den Aufgaben und Pflichten unterzugehen scheinen. Aber sie sind fast immer da, und es lohnt sich, gezielt nach deinen ganz persönlichen Glücksmomenten zu suchen. Ja, ich weiß, es ist manchmal einfach nur mühsam, aber das ist es wert. Du wirst Dinge entdecken, die dir früher vielleicht gar nicht aufgefallen sind, und du wirst sehen, was dich und auch deine Eltern glücklich machen kann.

Die Suche nach dem kleinen Glück kann keine Krankheitsdiagnose beeinflussen und auch die Aufgaben, die mit dem Pflegen einhergehen, nicht. Aber es kann dir helfen, deine Haltung anzupassen. Denn sie hat einen enormen Einfluss auf die Wahrnehmung der Umwelt und wirkt sich auch auf das Miteinander aus. Nichts ist nur schwarz, sondern da sind auch hellere Momente, und die können Mut machen. Es geht nicht darum, dir all die Belastungen zu verharmlosen oder schönzureden. Pflegen erfordert Kraft und Geduld. Aber in der Rückschau ist dann oft nur noch diese schwere, anstrengende Zeit präsent. Erlaube dir selbst, zu entdecken, was *auch* noch da ist. Dass neben dem Dunklen auch Helles zu finden ist – das kann dir helfen, den eigenen Energietank ein wenig aufzuladen.

Die Erinnerung an ein Lächeln meiner Mama ist mir heute so viel wert. Es war ein Glücksmoment, wenn sie in den letzten Monaten meine Hand streichelte oder drückte, ein Moment, an den ich mich immer erinnern möchte. Wie gut, dass ich ihn aufgeschrieben habe.

So ein Marmeladenglas mit feinen Momenten kann einen kleinen Beitrag leisten. Und: Jeder kann es füllen. Egal ob die Enkel oder Freunde. Schnappt euch ein Marmeladenglas, genießt den Inhalt auf Frühstücksbrötchen oder Pancake und verwendet das Gefäß dann für deine, für eure süßen Erinnerungen.

21. MACH DAS FOTO – UND HALTE ERINNERUNGEN FEST

Wie oft fotografierst du deine Eltern? Oder dich mit ihnen? Macht ihr Bilder nur zu besonderen Anlässen oder auch im Alltag? Ich muss gestehen, dass ich lange Zeit nur wenig Fotos von meinen Eltern gemacht habe. Wenn ich zur Handykamera griff, dann meist, um verschiedene Situationen mit meinen Kindern festzuhalten. Meine Mama oder meinen Papa fotografierte ich vor allem, wenn sie eines meiner Kinder auf ihrem Arm hatten oder an ihrer Hand hielten.

Einfach nur meine Eltern zu fotografieren oder gemeinsam mit ihnen ein Selfie zu machen, das kam mir kaum in den Sinn. Auch Mamas Krankheit änderte nichts daran. Im Gegenteil, sie machte mich anfangs noch beklommener. Das hing sicher damit zusammen, dass mich diese Krankheit so verunsicherte und dass Mama sich zusehends auch optisch veränderte. Die Kleidung war nicht mehr so perfekt, ihre Haare waren manchmal nicht gewaschen, sie wirkte betrübt, verwirrt oder ratlos. Festhalten wollte ich die schönen Momente und lächelnden Menschen, so war ich das gewohnt. Aber so bilderbuchschön war es nicht. Doch irgendwann merkte ich, dass ich eigentlich gar keine Bilder mehr hatte. Ich hatte sie gelöscht oder gar nicht erst gemacht, weil ich immer wieder dachte: »Ich kann Mama doch nicht so fotografieren.« Ich musste lange in meiner Fotogalerie zurückgehen, bis ich Bilder von Mama und Papa oder von ihnen mit mir fand. Das machte mich traurig.

Es war der Blogbeitrag »Take the picture« der Amerikanerin Lauren Dykovitz, der mich zum Umdenken brachte. Sie pflegte ihre Mutter mit Demenz und berichtete darüber. In dem Beitrag erklärte sie, warum es wichtig ist, Fotos zu machen, auch wenn diese nicht perfekt sind. Und perfekt waren ihre Bilder nicht, ihre Mutter hatte auf den Bildern einen fernen Blick, geschlossene Augen, der Kopf hing schlaff zur Seite. »This is the hardest part of our story, but it's still a part of our story. And I still want to remember it, to remember her«, schreibt sie: »Auch wenn das der schwerste Teil der Geschichte ist, gehört er doch dazu. Und ich möchte mich daran erinnern, möchte mich an sie erinnern.« Als ich diese Worte gelesen habe, konnte ich nur zustimmen und habe mir fest vorgenommen, unseren gemeinsamen Alltag häufiger festzuhalten, für mich und meine Familie. Denn all das, was wir mit Mama erlebten, gehörte dazu – und ich wollte es nicht verschweigen.

Also fing ich an, Selfies mit Mama zu machen, habe sie schlafend fotografiert, wie mein Papa ihr geduldig das Essen reicht oder ihre Goldkette umlegt, wie meine Töchter mit ihr die Treppe gehen und eine sie links, die andere von rechts stützt. Es tat mir manchmal weh anzuschauen, wie Mama sich veränderte und wie abwesend sie immer häufiger wirkte. Genauso schwer war es allerdings, Bilder von früher zu betrachten. Bilder, auf denen sie gesund war und fröhlich in die Kamera strahlte. Aber natürlich, all das gehört zum Leben dazu. Die unbeschwerten Jugendtage ebenso wie schwerere Phasen im Alter oder mit Krankheit. Was würde es bedeuten, wenn ich Mama nicht mehr fotografieren würde? Fehlten dann nicht ganze Jahre und zahllose Erinnerungen, und das nur, weil sie nicht perfekt aussahen? Was passiert, wenn wir nur das scheinbar schöne Leben festhalten und zeigen, aber in echt doch so viel mehr erleben?

Beim genauen Hinschauen und Fotografieren erkannte ich auch, dass diese so scheinbar normalen Bilder etwas Besonderes ausdrückten. Die Selfies mit Mama, auf denen sie die Augen nicht mehr aufmacht, sind alles andere als perfekt, aber sie zeigen eine Nähe und Zuneigung. Wenn mein Papa sich zu ihr beugt und geduldig die Gabel hält, ist das eigentlich ganz normal und doch so besonders. Die Fotos zeigten keine Scheinwelt, sondern uns in dem, was wir waren und sind. So betrachtet waren es schöne Momente, denn sie zeigen das Miteinander und die Normalität eines Pflegealltags. Auch deshalb habe ich Bilder von uns auf meinem Blog veröffentlicht. Ich wollte zeigen, dass eine Krankheit wie Demenz zwar schrecklich ist, aber dass es auch mit ihr frohe, lebenswerte Momente gibt.

Mich rührte es, wenn sich meine große Tochter auf der Terrasse neben meine Mama setzte, beide in ihre Winterjacken und in eine Decke eingekuschelt – und sie dann ihren Kopf auf Mamas Schulter legte. Es war schön, wenn meine Töchter für ihre Oma eine Theater- oder Turn-Vorstellung im Garten vorführten und wenn sie ihre Hand nahmen, weil sie allein nicht die Treppe gehen konnte. All das sind Erfahrungen, die für uns alle wichtig sind. Zum Glück gibt es Smartphones und die

Möglichkeit, Momente ganz einfach festzuhalten, als Schnappschüsse zwischendurch – und als Erinnerungen, die bleiben.

22. FINDET ROUTINEN – UND FREUT EUCH AUFEINANDER

Habt ihr gemeinsame Rituale und Routinen? Wie häufig seid ihr in Kontakt? Eher sporadisch und nach Bedarf, oder gibt es feste Tage, an denen ihr telefoniert oder euch besucht? Ich mag eigentlich keine Routinen, weil es sich für mich schnell nach Pflicht anfühlt. Mit starren Strukturen tue ich mich schwer. Aber: Regelmäßige Abläufe geben auch Halt und Sicherheit. Wenn Menschen pflegebedürftig werden, geht oft das Gefühl von Sicherheit verloren. Je nach Krankheit, Lebenssituation und Persönlichkeit unterscheidet sich dies. Typisch bei Demenzen ist, dass die Orientierung in der Zeit und im Raum verloren geht. Menschen verlieren Halt.

Rituale und Routinen können da eine gute Strategie sein – und klar, beides braucht Zeit, um sich zu entwickeln. Je früher ihr anfangt, umso besser also. Feste Verabredungen und Termine tun gut, weil sie eine Verbindlichkeit schaffen und Missverständnissen vorbeugen. Du gibst deinen Eltern eine Hilfe, indem ihr einen Tag für das Miteinander festlegt. Das kann beispielsweise der Anruf immer dienstags sein oder dass du jedes erste Wochenende im Monat bei ihnen bist oder ihr jeden Sonntag gemeinsam zu Abend esst. Deine Eltern spüren dann, dass sie sich auf dich verlassen können. Sie können sich darauf freuen und gegebenenfalls vorbereiten, anstatt sich über spontane Besuche Gedanken zu machen oder in einer unpassenden Situation überrascht zu werden.

Feste Termine können aber auch für dich hilfreich sein, weil sie planbar sind. Du kannst dir deine Zeit besser einteilen und dafür sorgen, dass der Termin für dich gut passt (und du nicht gleichzeitig anderes erledigen musst). Sie können auch eine Maßnahme gegen das eigene schlechte Gewissen sein. Seit ein paar Jahren sagt mein Papa »Ich wünschte, du wärst häufiger hier« oder »Na, vielleicht kommst du auch bald mal wieder«. Ich höre die Erwartungen und Hoffnungen, die da mitschwingen, und sie verursachen bei mir ein schlechtes Gewissen. Mir hilft es, wenn ich vor dem Abfahren weiß, wann ich wiederkomme – und auch für meinen Papa ist das besser, als wenn er im Unklaren bleibt. Manchmal allerdings weiß man es einfach nicht, und das solltet ihr auch ansprechen, um Enttäuschungen vorzubeugen.

Regelmäßige Termine stärken die Beziehung. Gestalte sie in dem Rahmen und Umfang, der für dich funktioniert, und zwar auch auf lange Sicht. Denn wer einen Angehörigen pflegt, tut dies oft über viele Jahre. Aber klar, eine einmal gefundene Routine benötigt von Zeit zu Zeit Anpassungen, schon allein weil sich die Umstände verändern. Schaut also immer mal wieder auf eure Routinen und Absprachen: Passen sie noch für dich? Wie geht es deinen Eltern damit? Möchtest du etwas ändern – oder sie? Und falls ja, was? Klare Worte sind meist besser als Hoffnungen und Wünsche, denn mit ihnen lässt sich besser umgehen. Am besten klärt ihr gemeinsam, wann und wie häufig ihr euch trefft und austauscht. Auch hier gilt: »Was wünschst du dir?« oder »Wie kann ich dir helfen?« fragen und zuhören. Setze dich ebenfalls damit auseinander, was du dir wünschst und welche Erwartungen du erfüllen kannst und möchtest – und kommuniziere dies. Es geht nicht darum, sämtliche Wünsche deiner Eltern eins zu eins zu erfüllen, sondern eine Lösung zu finden, die für alle gut machbar ist – und wahrscheinlich wird dies eines Kompromisses bedürfen.

Es ist hilfreich, wenn nicht nur du, sondern auch andere Familienmitglieder ihre Rituale und Routinen mit deinen Eltern entwickeln, die Bande um beide Eltern also etwas Festes und Stabiles ist. Möglicherweise geht die Enkeltochter mittwochs zur Oma, oder sie machen sonntags einen Videocall. Wenn eure Eltern noch fit sind und Lust an Aktivitäten haben, dann könnt ihr daraus ein gemeinsames Ritual machen. Einmal im Moment einen Ausflug in den Tierpark, zu einem Barfußpfad oder an den See. Jenseits der heimischen Umgebung begegnet ihr euch noch mal anders, findet neue Themen und erlebt schöne Momente.

Noch einen Vorteil haben Rituale und Routinen: Zu wissen, wann man den anderen sieht oder hört, schafft Vorfreude. Wenn euer Miteinander belastet ist oder es häufig Probleme zu bewältigen gibt, können regelmäßige Termine die Situation ein wenig entzerren. Es sind die Anrufe außer der Reihe, wenn mein Papa plötzlich Unterstützung braucht oder eine dringende Frage hat, die mich aufwühlen. Der übliche Anruf am Wochenende hingegen ist viel entspannter und nimmt etwas von dem Druck und der Anspannung, die häufig auftauchen, weil es in dem Moment nämlich kein Feuer zu löschen gibt, sondern wir einfach der Stimme des anderen lauschen und erzählen können.

III.

PRAKTISCHE VERÄNDERUNGEN ANPACKEN

23. PACKT EINE REISETASCHE – UND STELLT SIE IN DIE ECKE

Manchmal muss es ganz schnell gehen. Ein Sturz von der Leiter oder eine Herzattacke benötigen sofortige medizinische Versorgung und oftmals die Behandlung im Krankenhaus. Solch ein Notfall ist stressig und sorgt für viel Aufregung. Ganz vermeiden lässt sich dies leider nicht, aber ihr könnt zumindest so weit vorplanen, dass sich deine Eltern in einer solchen Notsituation nicht noch darum kümmern müssen, ihre Kleidung einzupacken. Falls sie rasch ins Krankenhaus müssen, ist es gut, wenn sie eine gepackte Tasche ergreifen und diese mitnehmen können (oder der Rettungsdienst dies tun kann).

Mein Papa, der das für »überhaupt nicht notwendig« befunden und meine Schwägerin belächelt hatte für das, was sie da tat, war im Notfall sehr froh, dass Mama nach ihrem Kreislaufzusammenbruch im Krankenhaus so das Wichtigste dabeihatte. Denn er selber war in der Situation so aufgewühlt gewesen, dass ihn das Packen überfordert hatte.

Deine Eltern finden diese Maßnahmen ein wenig übertrieben? Versuch herauszufinden, warum. Es bringt natürlich wenig, eine Tasche zu packen, wenn dies auf Ablehnung stößt. Wie in so vielen Situationen könnte es helfen, von dir zu erzählen. Dass du dir Gedanken machst um solch einen Notfall und gern helfen würdest, und ob das nicht eine Möglichkeit wäre. Sonst wird das gut gemeinte Angebot vielleicht abgelehnt, weil sich deine Eltern bevormundet oder kritisiert fühlen.

Wenn ihr eine Tasche packt, sollten folgende Gegenstände hinein:

- bequeme Kleidung
- warme Socken
- Nachtwäsche
- Bademantel
- Hausschuhe
- Körperpflegeprodukte (Zahnbürste und -pasta, Shampoo, Duschgel, Kamm, Creme/Lotion, Rasierbedarf)
- Taschentücher
- Hygiene- und Pflegemittel

Wichtig für die Ärzte im Krankenhaus ist ein aktueller Medikamentenplan. Medikamente können mitgegeben werden, allerdings sollten sie in der Originalverpackung sein. Von daher werden diese am besten wirklich erst im Notfall eingepackt. Auch Hilfsgeräte wie Brille, Hörgerät oder Gehhilfen (Rollator, Gehstock) sollten mit ins Krankenhaus.

Zur Einweisung sind immer auch Formulare und Unterlagen notwendig. Es ist hilfreich, wenn ihr wichtige Dokumente in einer Notfallmappe gesammelt habt.

Hinein gehören:

- Krankenversicherungskarte
- Personalausweis
- Aktuelle Medikamentenliste mit Dosierung
- Kopie der Vorsorgevollmacht
- Kopie der Betreuungsverfügung
- Kopie der Patientenverfügung
- Impfpass
- Bescheinigung über Vorerkrankungen (Allergiepass, Diabetikerpass, Herzschrittmacher-Ausweis etc.)
- Organspendeausweis
- Kontaktdaten des Hausarztes oder der Hausärztin
- Kontaktdaten der bevollmächtigten Person

24. MACHT EINEN TREPPENCHECK – UND FINDET STOLPERFALLEN

Wie gut kommen deine Eltern zu Hause klar? Gibt es Stolperfallen? Ein häufiges Thema, wenn es um sicheres Wohnen geht, sind Treppen und Stufen. Ich kenne das aus der Erfahrung mit meiner Mama und weiß, wie herausfordernd es werden kann – und wie unbedarft man in diese Herausforderung gerät. Als meine Eltern sich vor vielen Jahren den Traum vom Eigenheim erfüllten und ein Haus bauten, dachten sie nicht daran, dass das Thema Barrierefreiheit mal wichtig werden könnte. Von ihrem Haus versprachen sie sich Freiheit und Unabhängigkeit. Dass es im Alter täglich zum Problem werden könnte, das kalkulierten sie nicht mit ein – und damit erging es ihnen wie vielen Menschen, die gepflegt werden oder pflegen.

Über die Jahre entwickelte meine Mama Schwierigkeiten beim Treppensteigen. Alzheimer, das verband ich zunächst vor allem mit Erinnerungs- und Gedächtnisproblemen. Ich hatte gelesen, dass Menschen immer mehr vergessen, aber dass dazu auch motorische Fähigkeiten gehören, war mir lange nicht klar. Aber so war es, und auch andere Erkrankungen wie Schwindel, Diabetes oder Parkinson können zu sogenannten Gangstörungen führen und das Sturzrisiko erhöhen. Die ersten Anzeichen bei meiner Mama waren ihre Probleme, die letzte Stufe zu nehmen. Stattdessen fing sie irgendwann an, einen kleinen Hüpfer zu machen. Das wirkte kindlich-fröhlich, barg aber eine echte Sturzgefahr. Damit sie nicht fiel, musste jemand an ihrer Seite sein und sie halten. Als die Krankheit fortschritt, bekam sie auch Probleme mit dem Gehen. Die Beine heben und die Treppen zu gehen, das klappte nicht mehr – und es gelang auch nicht, ihr das zu erklären. Was also tun?

Wenn mein Bruder und ich unsere Beobachtungen und

Sorgen schilderten und einen Treppenlift vorschlugen, fragte mein Papa unsicher: »Lohnt sich das?« Er sah die hohen Kosten, die mit solchen Umbaumaßnahmen einhergehen. Unklar war ja, wie sich die Krankheit entwickeln würde und ob Mama langfristig zu Hause wohnen bleiben könnte. Es war eine große Entscheidung, und er wollte sich nicht mit ihr befassen. Auch ich verdrängte das Thema und dachte: »Es geht schon noch.« Dass es nicht mehr ging, merkten wir eigentlich erst viel zu spät. Das war der Tag, an dem ich meinen Eltern völlig hilflos auf dem Weg zum Schlafzimmer in den ersten Stock begegnete. Mama befand sich auf halber Treppe, Papa stand vor ihr auf der nächsten Stufe und zog an ihrem Arm. Ich war fassungslos und konnte nichts sagen. Da waren die Angst in den Augen meiner Mama und die Hilflosigkeit in den Augen meines Papas. Ich versuchte mich auf meine Mama zu konzentrieren und ihr zu helfen, doch sofort plagten mich auch die Schuldgefühle: Hätten wir nicht schon längst etwas tun sollen?

»Ja, hätten wir«, denke ich im Nachhinein. Wir hatten viel zu lange gezögert. Nun wollten wir es endlich angehen. Aber wie? Wäre ein Treppenlift die Lösung, selbst wenn mein Vater ihn nicht wirklich wollte? Ein Treppenlift vom Erdgeschoss in den ersten Stock hätte allerdings nur ein Problem gelöst. Denn das Haus steht an einem Hang, der Hauseingang ist sozusagen hinter dem Haus. Mama müsste also weiterhin die Außentreppe nehmen, um in das Haus zu kommen. Oder wir müssten einen Eingang über die Garage einbauen. Wir recherchierten nach Alternativen und begannen erst mal mit überschaubaren Projekten.

Es muss nicht immer ein Umbau sein, vielleicht tun sich deine Eltern schon mit Hilfsmitteln oder kleinen Veränderungen leichter, etwa einem zusätzlichen Handlauf oder einer sogenannten Treppensteighilfe. Auch eine Gehhilfe oder ein Gehstock können unterstützen. Deshalb lohnt sich zunächst eine Analyse der Situation. Bei uns stellte sich heraus, dass Mama das Treppengehen vor allem abends schwerfiel, wenn sie müde war. Das Bad und Schlafzimmer aber waren, wie bei so vielen Einfamilienhäusern, im oberen Stock. Jahrelang hatte dies niemand infrage gestellt. Kein Wunder, dass mein Papa skeptisch war: Wie würden wir das ändern wollen? Aber irgendwie war auch klar: Wir würden es versuchen müssen. Denn ohne eine Veränderung würde alles bleiben, wie es ist – und das wollten wir ja nicht. Der Plan war also, das Schlafzimmer ins Erdgeschoss zu verlegen, dorthin, wo jahrelang das Esszimmer gewesen war. Das Esszimmer sollte in Mamas früheres Arbeitszimmer ziehen. Ein kleines WC mit Waschbecken genügte meinen Eltern für die Abendtoilette. Es brauchte nur ein Wochenende, an dem wir als Familie gemeinsam anpackten und umräumten – damit schafften wir eine schnelle Entlastung und konnten den abendlichen Stressfaktor reduzieren. Einige Monate später folgte die große Veränderung: der Umbau des Arbeitszimmers zum barrierefreien Badezimmer. Als das erledigt war, dachte ich mehr als einmal: Warum haben wir so lange gewartet? Wir hätten Mama viel Stress ersparen können.

Für Umbaumaßnahmen können deine Eltern unter Umständen von der Pflegeversicherung eine finanzielle Unterstützung erhalten. Das ist möglich, wenn der Umbau notwendig ist, um die Selbstständigkeit zu erhalten oder die Pflege zu erleichtern. Die Person benötigt einen Pflegegrad, unerheblich ist dabei, welcher es ist. Die Pflegeversicherung zahlt bis zu 4000 Euro pro Maßnahme zu. Leben mehrere Personen mit Pflegebedarf in der Wohnung, kann die Pflegekasse bis zu 16 000 Euro der Kosten übernehmen. Wichtig ist, dass vorab ein Antrag mit Kostenvoranschlag eingereicht wird. Die Pflegekasse entscheidet dann darüber, möglicherweise prüft der Medizinische Dienst die Notwendigkeit der Maßnahme durch einen Besuch vor Ort.

Ihr könnt das Thema Umbauen oder sogenannte wohnumfeldverbessernde Maßnahmen auch in einer Pflegeberatung besprechen. Darauf haben Personen mit Pflegegrad sowie ihre Angehörigen einen rechtlichen Anspruch. In manchen Regionen gibt es spezielle Wohnraumberatungen, auch online gibt es Angebote dazu. Im Sanitätshaus kannst du dich zu Hilfsmitteln beraten lassen. Klappt es mit der Finanzierung über die Pflegekasse nicht, gibt es noch die Möglichkeit, bei der Kreditanstalt für Wiederaufbau einen Zuschuss zu beantragen. Sie kann einen Teil der Kosten für den Abbau von Barrieren übernehmen, beim altersgerechten Umbau bietet sie Förderkredite.

Dass es sich lohnt, kreativ zu werden und unkonventionelle Lösungen auszuprobieren, lernte ich am Beispiel meiner Töchter. Sie merkten auch, dass es der Oma immer schwerer fiel, die Treppenstufen zu gehen. Eine Bekannte berichtete davon, dass die Stufenkanten im Heim ihres Vaters mit farbigem Klebeband markiert waren, da man sie so besser sehen konnte. Das bestätigte meine Vermutung, dass die fehlenden Kontraste auf der Außentreppe schwierig sein könnten. Als ich meinen Kindern davon erzählte, schlugen sie vor, die Kanten anzumalen. »Nie im Leben erlaubt der Opa das«, meinte ich. Andererseits schien es wie eine simple Lösung und einen Versuch wert. Als wir das nächste Mal zu meinen Eltern fuhren, nahmen die Kinder Kreide mit. Sie wollten es gern ausprobieren, und ich beruhigte mich damit, dass die Kreide mit dem nächsten Regen abgewaschen sei. So malten sie die Stufenkanten farbig an. Es funktionierte: Mama ging die Stufen ein wenig schneller und sicherer. Leider kam der nächste Regen und wusch alles ab. Wir malten die Stufen ein paarmal nach – und irgendwann stellte ich überrascht fest, dass Papa die Kanten mit permanenter Farbe angemalt hatte.

Macht einen Treppencheck und sucht nach Lösungen, befragt Experten und Expertinnen, probiert aus – und fangt möglichst frühzeitig damit an.

25. WANDERT NACHTS DURCHS HAUS – UND SORGT FÜR SICHERHEIT

Wann bist du bei deinen Eltern? Ist das meist tagsüber? Bist du auch mal am Abend oder über Nacht bei ihnen? Falls nicht, dann möchte ich dich ermutigen, das zu tun (oder dich zumindest in Gedanken auch mal im Dunkeln durch die elterlichen Wohnräume zu bewegen). Denn so kannst du auf die ein oder andere kritische Stelle in puncto Sicherheit aufmerksam werden. Das eigene Zuhause ist für deine Eltern vertraut und gibt Sicherheit. Im Alter können körperliche Veränderungen dafür sorgen, dass Gewohntes nicht mehr so gut funktioniert. Ein häufiger Akutfall sind Stürze, die verschiedene Gründe haben können: ein Stolpern über die Teppichkante, eine schlechtere Sehfähigkeit oder einen schwachen Kreislauf.

Wenn wir an barrierearme oder barrierefreie Wohnungen denken, dann geht es viel um das Thema Treppen. Aber andere Aspekte sind mindestens genauso wichtig: etwa die passende Beleuchtung. Barrierefrei bedeutet ja im Wesentlichen: Kann sich die Person ohne Einschränkungen und sicher bewegen? Wie sollte die Wohnung gestaltet sein, damit dies auch künftig möglich ist? Macht also im Dunkeln mal eine kleine Wanderung durchs Haus und checkt die Beleuchtung. Wie bei so vielen Maßnahmen geht es hier nicht darum, übergriffig das Zuhause deiner Eltern zu ändern, sondern im Austausch mit ihnen dafür zu sorgen, dass sie auch im Alter sicher und selbstständig daheim wohnen können.

Als mein Bruder erstmals von einem Nachtlicht für den Flur sprach, war die Antwort meines Papas nicht »Ja, natürlich«, sondern »So was brauchen wir nicht«. Veränderungen brauchen ihre Zeit, das ist nun mal so. Er ließ sich jedoch auf einen Versuch ein, als Mama nachts häufiger mal wach wurde und sich im Dunkeln nicht so gut orientieren konnte. Anfangs behalfen wir uns mit einem Steckdosenlicht, später dann einer kleinen Lampe mit Bewegungsmelder. Dies sollte nachts für Sicherheit und Orientierung sorgen.

Es gibt verschiedene technische Möglichkeiten für eine bessere Beleuchtung, und welche für deine Eltern die beste ist, müsst ihr entscheiden. Vielleicht genügt ja wie bei uns ein Steckdosenlicht. Viele dieser LED-Lichter sind mit einem Dämmerungssensor ausgestattet, sodass sich das Licht erst bei entsprechender Dunkelheit einschaltet. Ziemlich praktisch, fand ich immer, denn niemand muss sich ums An- oder Einschalten kümmern, das Steckdosenlicht kann permanent in einer Steckdose bleiben. Achtet darauf, dass es nicht zu hell ist.

Eine andere Möglichkeit ist ein Nachtlicht im Flur. Am besten testet ihr das in Ruhe. Denn das Licht sollte an einem passenden Ort stehen und nicht zu hell sein, sonst wachen deine Eltern richtig auf und finden nicht mehr so gut in den Schlaf. Die Vorlieben und Gewohnheiten sind ja auch verschieden und entscheiden darüber, ob es lieber ein Nachtlicht mit Bewegungsmelder sein sollte oder eines, das die ganze Nacht leuchtet. Vielleicht ist das viel zu hell, und sogenannte Leuchtbänder sind die bessere Wahl. Sie können an den Boden oder an die Stufen geklebt werden.

Bei einer Nachtwanderung könnt ihr testen, welche Wege überhaupt Licht benötigen. Beim Thema Licht kommt es nicht nur auf Sicherheit an, sondern auch auf Wohlgefühl. Wenn ein Nachtlicht immerzu brennt oder ein Bewegungsmelder angeht, kann das auch ängstigen, weil möglicherweise der Eindruck entsteht, dass sich eine andere Person im Flur aufhält. Für Menschen mit kognitiven Einschränkungen oder psychischen Störungen kann das herausfordernd sein.

Kontrolliert auch, ob sich die Lichtschalter gut erreichen lassen. Sind sie als solche überhaupt erkennbar? Wäre es einfacher, einen Lichtschalter am Bett anbringen zu lassen? Oder auf eine digitale Lösung umzusteigen, sodass sich die Beleuchtung durch einen einfachen Sprachbefehl wie »Licht an« steuern lässt? Ist eine Nachttisch- oder eine Wandlampe die bessere Wahl? Die Antwort liegt bei deinen Eltern: Was ist ihnen vertraut? Womit fühlen sie sich wohl? Was können sie gut bedienen? Was könnten sie vielleicht besser bedienen, als es momentan der Fall ist? Die Lösung kann eine Nachttischlampe sein, ein Nachtlicht mit Bewegungsmelder oder die übliche Deckenlampe. Vielleicht findet ihr auch eine andere Lösung, etwa ein mobiles Nachtlicht, das direkt neben der Person liegt und reagiert, sobald sie es berührt.

26. GEHT MAL INS BADEZIMMER – UND ZWAR GEMEINSAM

Ist das Bad deiner Eltern barrierefrei? Könnten sie es mit einem Rollstuhl gut benutzen? Vielleicht antwortest du mit Ja auf diese Fragen, dann spring gern zum letzten Absatz in diesem Kapitel. Vielleicht kommen dir diese Fragen gerade sehr absurd vor, weil deine Eltern doch gar keinen Rollstuhl benötigen, sondern bei bester Fitness und Gesundheit sind. In diesem Fall möchte ich dich ermutigen, dieses Kapitel dennoch zu lesen und dich mit meinen Fragen im Kopf ins Bad deiner Eltern zu begeben. Vielleicht geht es dir wie mir: Du merkst, das Bad lässt sich mit körperlichen Einschränkungen nicht gut benutzen, vielleicht auch gar nicht.

Auch hier kannst du entweder die Strategie der kleinen Schritte fahren oder eine große Veränderung angehen. Das hängt auch davon ab, ob deine Eltern in ihrem Zuhause überhaupt selbstständig Dinge umbauen dürfen oder es dazu der Genehmigung eines Vermieters bedarf. Im ersten Schritt lohnt es sich, genau hinzuschauen und herauszufinden, an welchen Stellen es aktuell schwierig ist oder werden könnte. Das kannst du in einem Gespräch mit deinen Eltern klären – oder ihr macht zusammen einen Check im Bad. Das lässt sich auch nebenbei erledigen, wenn ihr dort gemeinsam seid. Das kommt natürlich darauf an, wie vertraut ihr miteinander seid und dies bisher gelebt habt.

Mit Mama im Bad zu sein, fühlte sich für mich nie fremd oder beschämend an. Wir hatten dies früher auch oft getan. Damals hatte sie natürlich immer allein geduscht, aber nun ging das nicht mehr so gut. Immer häufiger erzählte Papa, dass Mama eine Scheu vor dem Duschen entwickelt zu haben schien und dass es schwierig sei. Aber was konkret schwierig war, konnte er nicht sagen, und meinte dann doch immer: »Es geht schon.« Wie schwierig es tatsächlich war, merkte ich, als ich mit Mama im Bad war und ihr half. Da taten sich auf einmal handfeste Probleme auf: Es fiel ihr schwer, über die Schwelle in die Duschwanne zu steigen. Sie konnte die Duscharmatur nicht bedienen. Shampoo und Duschgel standen bereit, aber sie nahm es nicht. Und ich merkte, dass die Lösung nicht so einfach war, denn sie konnte meinen Anweisungen nicht gut folgen. Sätze wie »Jetzt hebst du das rechte Bein« verstand sie nicht. Wie konnte ich ihr die Haare waschen, wenn sie in der kleinen Duschkabine stand? Über die erst kleinen, dann immer größer werdenden Schwierigkeiten sprachen meine Eltern nicht, aber sie summierten sich. Wir halfen uns zunächst mit überschaubaren Anpassungen: einer Duschbrause für das Waschbecken, sodass wir Mama dort die Haare waschen konnten, einer speziellen Duschhaube mit Shampoo oder Trockenshampoo. Baden funktionierte besser als Duschen, denn das Wasser kam nicht von oben, sondern Mama saß wohlig warm in der Wanne und konnte sich selber waschen. Aber das Ein- und Aussteigen wurde zu einem Problem und Sicherheitsrisiko. Was also tun? Auch mit dem Einbau eines barrierefreien Badezimmers haben wir gezögert, bis es eigentlich nicht mehr ging. Als es fertig war, dachte ich wieder mal: Weshalb haben wir es nicht viel früher gemacht? Denn in dem neuen Raum war es viel leichter, ihr zu helfen.

Je früher der Umbau stattfindet, umso länger haben deine Eltern etwas davon. Allerdings gibt es einen Haken, und zwar die Finanzierung. Bei einem Umbau zu einem barrierefreien Bad kann die Pflegeversicherung einen Zuschuss von bis zu 4000 Euro zahlen. Dazu benötigt mindestens ein Elternteil einen Pflegegrad, ihr müsst den Umbau vorab bei der Pflegekasse beantragen und einen Kostenvoranschlag einreichen. Unter Umständen prüft der Medizinische Dienst die Notwendigkeit. Mein Tipp: Benennt im Antrag klar die Herausforderungen und wie der Umbau der Pflege deiner Eltern zugutekommt. Kosten für Reparaturen oder Modernisierungen übernimmt die Pflegekasse nicht.

Zu einem barrierefreien Bad gehört meist:

- ebenerdige Dusche (mit Haltegriff) und Duschkopf
- rutschfester Bodenbelag
- Halterungen am WC
- erhöhter WC-Sitz

- Haltegriff in Dusche und Wanne
- gute Beleuchtung

Ihr könnt euch bei einem Pflegestützpunkt oder bei einer Wohnraumberatung informieren und mit den Experten und Expertinnen besprechen, welche Maßnahmen sich für deine Eltern eignen. Dabei geht es meist um die Sicherheit. Was ich ebenso wichtig finde: dass sich die Person wohlfühlt. Das barrierefreie Bad war super, weil Mama keine Stufen oder Schwellen gehen musste, aber sie fror häufig. Als mein Papa dies bemerkte, installierte mein Bruder eine Extraheizung. Wir stellten einen großen gemütlichen Stuhl in die Ecke, damit sie sich dort setzen konnte, wenn Papa ihr beim An- und Ausziehen half. Auf das Badschränkchen stellten wir eine Orchidee, weil Mama Blumen so liebte.

Wenn du mit deiner Mutter oder deinem Vater einen Check im Badezimmer machst, näherst du dich auch dem oftmals schwierigen Thema Körperpflege. Hast du dir schon mal die Frage gestellt, ob du die Körperpflege deiner Eltern übernehmen kannst und dies auch möchtest? Gibt es für dich Grenzen? Ich bin da so hineingerutscht und habe gemerkt, dass mir manches gut gelingt, anderes mir extrem schwerfiel. Meine Mama hat Offenheit gezeigt, aber das ist nicht automatisch der Fall. Sich von einer anderen Person waschen zu lassen ist so ziemlich das Intimste, was wir teilen können. Wie geht es deinen Eltern damit? Möchten sie überhaupt, dass ihre Tochter oder ihr Sohn diese Aufgabe übernehmen? Oder soll dies lieber eine andere, neutrale Person machen? Das ist mit Sicherheit eine schwierige Frage. Fang an, darüber zu sprechen, langsam und in einem ruhigen Moment. Schau im Bad genau hin und biete deine Hilfe bei kleinen Tätigkeiten an, etwa dem Nägelschneiden, Rasieren oder Frisieren, und nähert euch Schritt für Schritt gemeinsam dem Thema.

27. SORGT FÜR EIN KÜCHEN-UPDATE – UND SCHAFFT ORIENTIERUNG

Damit deine Eltern zu Hause gut klarkommen, ist es auch wichtig, dass sie sich gut verpflegen können. Über die Wirkung der Lieblingsgerichte habe ich schon geschrieben, hier geht es vor allem um den Aspekt Sicherheit und Bedienbarkeit. Möglicherweise ist dir schon das Schreckgespenst begegnet, das in vielen Filmen und Texten über pflegebedürftige Menschen auftaucht: die abgebrannte Küche, weil ein Topf zu lange auf dem Herd stand und so ein Brand ausgelöst wurde. Auch in meinem Kopf spukte dieses Szenario herum, und ich sorgte mich, ob meine Mama den Herd noch sicher bedienen könnte. Einfache Abhilfe kann hier eine Herdsicherung schaffen, die in Elektroherde installiert wird und dafür sorgt, dass dieser sich bei Überhitzung automatisch abschaltet.

Wenn du ähnliche Bedenken hast, dann solltest du prüfen, ob es bereits eine Herdsicherung gibt. Falls nicht, lässt sich eine Abschaltautomatik oft nachinstallieren. Dazu gibt es spezielle Geräte im Handel, die du selber einbauen oder von einer Fachperson installieren lassen kannst. Sie trennen den Herd sozusagen von der Stromzufuhr. In der Regel stellst du eine bestimmte Zeitspanne ein, beispielsweise 30 Minuten. Ist die Zeit abgelaufen, schaltet sich der Herd automatisch aus. Braucht man mehr Zeit, wird der Nachtaster betätigt. Es gibt auch digitale Modelle, die mit einem Bewegungssensor funktionieren, sich also etwa dann abschalten, wenn die Person für eine bestimmte Zeit nicht mehr anwesend ist. Mit einem Mehrfachstecker lassen sich auch vorab ausgewählte elektrische Geräte ausschalten. Technisch ist jede Menge möglich. Je früher ihr euch als Familie damit beschäftigt und Dinge verändert, umso besser können deine Eltern die Nutzung üben.

Nicht nur der Herd, auch andere elektrische Geräte können die Sicherheit gefährden. Checkt regelmäßig den Zustand der Geräte und tauscht defekte Exemplare aus. Vielleicht ist es bei deinen Eltern so ähnlich wie bei meinen: Über die Jahre haben sich einige Geräte angesammelt, die schon lange nicht mehr benutzt wurden. Prüfe, ob sie noch funktionieren oder defekt sind. Werden sie nicht mehr benötigt, räume sie beiseite.

In puncto Küchensicherheit lohnt es sich auch, auf das Spülbecken zu achten. Zum einen kann das Becken relativ rasch überlaufen und das Wasser die Küche überschwemmen. Deshalb sollte unbedingt ein Überlauf integriert sein. Hilfreich kann ein Wasserflussregler sein, der die Wasserzufuhr automatisch unterbrechen kann. Achtet darauf, ob die Armaturen gut eingestellt sind. Meine Mama spülte eine Zeit lang sehr gern ab. Eigentlich kein Problem, doch als meine Eltern einen neuen Wasserhahn bekamen, dessen Temperaturregler nicht optimal eingestellt war, kam nun statt wie vorher lauwarmes Wasser sofort heißes Wasser und brachte eine Verbrühungsgefahr mit sich. Durch ihre Demenz konnte sie das Wasser aber nicht mehr so gut einstellen. Auch hier lässt sich oft nachjustieren, etwa die Wassertemperatur auf eine niedrigere Temperatur einstellen. So spart ihr übrigens auch Energiekosten.

All die Sicherheitsaspekte sind wichtig, aber ebenfalls wichtig ist die Frage, wie gut deine Eltern die Küche benutzen können. Meine Mama ist immer viel und gern in der Küche gewesen, um zu backen und zu kochen. Doch durch die Demenz fand sie sich nicht so gut zurecht und wurde unbeholfen. Neben der Sicherheit sollte es daher auch darum gehen: Wie kannst du dafür sorgen, dass deine Eltern gut in der Küche klarkommen? Wo stehen welche Utensilien? Wo das Geschirr und Besteck? Hinter welcher Schranktür verbergen sich die Tassen, wo die Teller? Fällt, etwa durch eine Demenzerkrankung, eine Orientierung schwer, kannst du eine Beschriftung oder Bildsymbole an den Schranktüren anbringen. Ihr könnt auch Glastüren nutzen oder entfernt die Türen der Schränke gleich ganz, damit sichtbar wird, was sich dahinter versteckt. Versucht, die Küche sicher, gemütlich und bedienbar einzurichten. Denn das ermöglicht Wohlbefinden und Selbstständigkeit.

28. VERSCHENKE EINE FAHRSTUNDE – UND TESTET DIE FAHRSICHERHEIT

Das Thema Autofahren sorgt in vielen Familien für Diskussionen. Da sind einerseits die besorgten Kinder, die ein ungutes Gefühl haben, wenn die Eltern Auto fahren, weil sie um deren Sehschwierigkeiten, Konzentrations- und Orientierungsprobleme wissen. Andererseits sind da die Eltern, die der Meinung sind, noch gut fahren zu können, und verärgert wirken, wenn dies infrage gestellt wird. Das Problem: Der Führerschein hat hierzulande kein Verfallsdatum. In anderen Ländern sind Menschen ab einem gewissen Alter verpflichtet, ihre Fahrtauglichkeit testen zu lassen, in Deutschland gibt es bislang keine Regeln. Ältere Autofahrer seien keine schlechteren Autofahrer, heißt es vonseiten der Interessenverbände, aber Fakt ist: Viele ältere Autofahrer sind nicht mehr so sicher unterwegs wie in jüngeren Jahren. Denn körperliche Einschränkungen beim Hören und Sehen, schwere oder chronische Krankheiten sowie bestimmte Medikamente wirken auf die Fahrtauglichkeit.

Die Diskussion um die Frage, ob deine Eltern noch sicher und gut Auto fahren können, ist bisweilen eine heftige, aber du solltest dich daran wagen, wenn du Bedenken hast. Denn wer unsicher Auto fährt, gefährdet nicht nur sich, sondern auch andere Menschen. Um sicher zu fahren, braucht man Übung und bestimmte Kompetenzen.

Wie also das Thema ansprechen? Ich glaube, es ist fast egal, wie, solange du das entsprechende Feingefühl zeigst und auch die Situation deiner Eltern beherzigst. Autofahren ist für viele Menschen mit Selbstständigkeit und Autonomie verbunden, und der Gedanke, dies aufgeben zu müssen, fällt schwer und macht Angst. Seit Jahrzehnten fahren dein Vater oder deine Mutter Auto, routiniert und geübt, und jetzt wird das angezweifelt? Wie mag er oder sie sich fühlen? Vielleicht haben deine Eltern schon gemerkt, dass es nicht mehr so gut funktioniert wie früher, dass sie im Dunkeln nicht mehr so gut sehen können oder sich bei Autobahnfahrten unsicher fühlen. Es kann auch sein, dass sie gar nicht um ihre Schwierigkeiten wissen. Etwa weil sie niemand auf Fehler hinweist, die sich in die Fahrpraxis eingeschlichen haben, oder ihnen die Orientierungsprobleme durch demenzielle Veränderungen nicht bewusst sind.

Medizinisch gesehen gibt es nur wenige Krankheitsdiagnosen, bei denen die Person als nicht fahrtauglich gilt, etwa bei Diabetes mit schweren Stoffwechselentgleisungen. Eine Krankheitsdiagnose wie eine Demenz geht nicht mit Fahrverbot einher, sondern bedarf einer individuellen Abwägung – und braucht Eigenverantwortung. Ein Ansprechpartner in Sachen Fahrtauglichkeit kann der Hausarzt oder die Hausärztin, aber auch der Facharzt oder die Fachärztin sein. Das kann große Überwindung kosten, weil es sich in dem Moment vielleicht anfühlt, als würdest du deine Eltern verraten. Gut, wenn es hier bereits eine vertrauensvolle Basis gibt. Es geht nicht darum, deine Eltern bloßzustellen, sondern das Thema mit medizinischer Expertise zu besprechen. Wähle deine Worte mit Bedacht und sprich am besten von dir und dass du dir Sorgen machst. Der Arzt oder die Ärztin können eine Empfehlung geben, aber den Führerschein einziehen, das können und werden sie nicht. Auch werden sie entsprechende Informationen nicht an Behörden weitergeben. Oftmals ist das ein schmaler Grat. Die ärztliche Autorität kann dabei helfen, die Fahrtauglichkeit zu testen und das Thema anzusprechen, aber sie sollte eure Eltern-Kind-Beziehung nicht gefährden. Gegenüber seinen Kindern zuzugeben, dass etwas nicht mehr funktioniert, erfordert viel Mut.

Anfangs behelfen sich viele Söhne und Töchter mit kleinen Notlügen wie »Ich möchte gern mal fahren« oder »Darf ich mir dein Auto ausleihen?«. Ich weiß, dass das gut funktioniert, aber langfristig ist es nicht die Lösung. Klammheimlich den Schlüssel zu verstecken oder das Auto zu verkaufen, kommt natürlich nicht infrage, weil das übergriffige Maßnahmen sind, die euch nur in einen Konflikt stürzen werden. Eine Möglichkeit wäre unter Umständen ein Fahrtauglichkeitstest, der sich auch behördlich anordnen lässt. Davon möchte ich euch jedoch eher abraten. Denn seine Eltern bei der Behörde zu melden sollte der letzte Schritt sein, da er eure Beziehung nachhaltig stören kann (bei relevanten Ausfallerscheinungen oder einer Gefährdung der Sicherheit kann er dennoch berechtigt sein).

Besser ist es in den allermeisten Fällen, das Gespräch zu suchen. Äußere deine Beobachtungen und deine Sorgen. Gib deinen Eltern die Möglichkeit, zu erzählen und gemeinsam das Thema anzugehen. Überlegt zusammen, ob beispielsweise Rückmeldefahrten eine Option für euch wären, das Thema abzuklopfen. Das sind Fahrstunden, bei denen ein Fahrlehrer oder eine Fahrlehrerin sich mit zu deinen Eltern ins Auto setzt und ihr Fahrverhalten beobachtet (der Unterschied zum Fahrtauglichkeitstest: Dies ist nicht behördlich angeordnet). In einem anschließenden Gespräch wird eine fachliche Einschätzung geäußert, wie sicher deine Eltern hinterm Steuer sind, und Tipps fürs sichere Fahren gegeben. Auch spezielle Fahrsicherheitstrainings für Senioren sind überlegenswert. Nutzt auch hier die Möglichkeiten, die euch zur Verfügung stehen!

29. FAHRT TAXI, BUS ODER RAD – UND FINDET ALTERNATIVEN ZUM AUTOFAHREN

Dass die Fahrsicherheit im Alter abnimmt, ist eigentlich ein ganz normaler Prozess, denn bei den allermeisten Menschen nimmt das Seh- und Hörvermögen ab. Auch die Fähigkeiten, sich über lange Zeit zu konzentrieren und auf Unvorhergesehenes reagieren zu können, lassen nach. Ganz klar, wenn die Fahrtauglichkeit beeinträchtigt ist, sollten Betroffene nicht mehr Auto fahren. Der Abschied vom Auto fällt oft schwer, denn es spielt im Alltag vieler Menschen eine wichtige Rolle: Es dient dazu, Einkäufe zu tätigen, Besuche oder Arzttermine zu erledigen, wird für Urlaube und Ausflüge genutzt. Zudem mangelt es häufig an Alternativen. Als ich mit meinem Papa zum ersten Mal darüber sprach, ob er ohne Auto klarkommen würde, kam von ihm sofort ein entrüstetes »Wie soll das denn gehen? Dann kann ich hier nicht mehr wohnen«. Das war es auch, was mein Bruder und ich dachten: »Ohne Auto auf dem Dorf, das würde nicht funktionieren.« Doch je mehr wir überlegten und forschten, umso mehr zeigte sich, dass es durchaus Möglichkeiten gibt, ohne eigenes Auto auf unserem Dorf zurechtzukommen. Uns war bewusst, dass es nicht ganz so komfortabel wäre, mit Einschränkungen und Kompromissen verbunden war, aber kein Auto mehr zu fahren müsste nicht der Grund sein, aus dem gewohnten Zuhause auszuziehen.

Auch ohne Auto kann man mobil bleiben. Falls das bei euch ein Thema ist, dann möchte ich dich einladen, genauer hinzuschauen und nachzuforschen. Ganz klar: Wer in der Stadt lebt, ist meist besser aufgestellt. Viele Wege können zu Fuß oder mit dem Rad erledigt werden, auch gibt es mehr öffentliche Verkehrsmittel wie Busse und Straßenbahnen.

Was hilft Eltern, die auf dem Dorf wohnen und bislang für jegliche Wege ein Auto nutzen? Klar, am einfachsten ist es, wenn das Fahren jemand anders übernehmen kann. Ist das eine Option in deiner Familie? Das kann ein Familienmitglied sein, aber vielleicht fährt auch die Nachbarin oder eine gute Bekannte regelmäßig zum Einkaufen, und deine Eltern könnten mitfahren? Vielleicht lässt sich über diesen Weg auch ein Einkaufsdienst anleiern, und die Nachbarn bringen Einkäufe mit? Viele Supermärkte bieten einen eigenen Lieferservice an, sodass deine Eltern online oder per App – oder du für sie – bestellen können und die Waren nach Hause geliefert bekommen. In vielen Regionen gibt es Lieferdienste, etwa für Mittagsmenüs, Tiefkühlprodukte oder Lebensmittel vom Bauernhof. Bestellen lässt sich online oder telefonisch.

Mobil bleiben auf dem Land, das geht natürlich auch mit Taxi. Klar, eine Taxifahrt kostet. Wenn deine Eltern nicht so oft damit fahren, liegen die Kosten zusammengerechnet meist dennoch unter den Ausgaben, die es für ein eigenes Auto bräuchte. Für notwendige Fahrten zum Arzt oder zu medizinischen Therapien kann auch die Krankenkasse für die Kosten aufkommen. Deine Eltern müssen dann nur zuzahlen. Diese Transporte müssen jedoch verordnet sein und der Arzt oder die Ärztin ein entsprechendes Rezept ausstellen. Unter bestimmten Umständen können Mobilitätseingeschränkte oder pflegebedürftige Personen ein Taxi ohne vorherige Absprachen oder Verordnungen nutzen. Die Rechnungen werden im Nachhinein bei der Pflegekasse eingereicht. Erkundige dich bei der Pflegekasse deiner Eltern, wie dies gehandhabt wird.

Das Auto loszulassen ist für viele Menschen ein langer Prozess, und entsprechend viel Ausdauer braucht ihr vermutlich bei dem Thema. Es hilft, wenn ihr eure Eltern dabei unterstützt, Alternativen zu finden und zu nutzen. Mit ein bisschen Geduld werden die Optionen auch Teil des Alltags. Ich erinnere mich an die ersten Gespräche und dass mein Papa vehement protestierte, das Taxi zu nehmen. Viel zu teuer sei das. Doch bei schlechter Witterung und nicht so optimalen Fahrbedingungen schlägt er mittlerweile von allein vor, mit dem Taxi zu fahren.

30. BRINGT ORDNUNG INS CHAOS – MIT EINEM FARBSCHEMA

Wo ist mein Schlüssel? Wo liegt der Geldbeutel? Wo ist noch mal die Telefonnummer? Kennst du solche Fragen und den Suchmarathon, der ihnen folgt? Mir ist beides vertraut – und zugegebenermaßen nicht nur von meinen Eltern oder älteren Verwandten, sondern auch von mir. Vermutlich geht das wohl vielen von uns so, unabhängig vom Alter. Es stresst und bringt viel Unruhe in den Alltag. Besonders Angehörige von Menschen mit Demenz sind mit dieser ewigen Leier von verlorenen und verlegten Gegenständen vertraut –und mit den nervenraubenden Diskussionen und Suchaktionen.

Am besten führt ihr frühzeitig Strategien ein, die für Ordnung sorgen und Zeit und Nerven schonen. Du kannst dir und deinen Eltern helfen, indem du feste Plätze für wichtige Dinge etablierst. Vielleicht denkst du jetzt: »Braucht es das wirklich?« Oder deine Eltern sagen: »Das geht schon noch.« Was ihr davon habt? Es geht, klar, um eine bessere Übersicht, aber noch um viel mehr: den Alltag zu erleichtern und die Selbstständigkeit zu erhalten. Mit relativ kleinen Maßnahmen kannst du so zu einer großen Wirkung beitragen.

Die wichtigste Regel ist dabei eigentlich: Lass deine Eltern diese Orte aussuchen, denn sie kennen sich in ihrer Wohnung ja am besten aus. Sucht einen festen Ort für den Haustürschlüssel (etwa dass der immer ans Schlüsselbrett neben der Tür kommt), für den Geldbeutel (der liegt auf der Flurkommode), für die Armbanduhr (auf das Nachtschränkchen) und so weiter. Bewahrt die Dinge immer am selben Ort auf, und am besten legt ihr sie immer konsequent dahin zurück. Es kommt darauf an, dass sich eine Routine entwickelt. Durch die täglichen Wiederholungen verfestigen sich die Abläufe. Auch hier gilt: Es ist hilfreich, wenn wir solche Routinen früh etablieren und einüben, aber es ist nie zu spät. Denn auch im Alter sind wir lernfähig. Das alte Vorurteil, Menschen würden nur in der Jugend lernen, hat die Wissenschaft längst entkräftet: Wir lernen ein Leben lang. Es ist wie bei einem Pfad im Schnee, der zunächst vielleicht nur aus ein paar Fußspuren bestand, sich aber bei mehrmaligem Gehen zu einem stabilen Weg entwickelt hat. So werden auch die Abläufe immer routinierter.

Dabei kannst du mit kleinen Tricks arbeiten. Ein wichtiger Punkt ist die Sichtbarkeit. Lassen sich die Dinge gut erkennen und unterscheiden? Hängen am Schlüsselbrett die Schlüssel gut sortiert oder alle an einem Haken? Ist die Kommode überschaubar und der Geldbeutel gut sichtbar? Ein erster Schritt ist es, Unnötiges wegzuräumen. Im zweiten Schritt kannst du durch Farben für Übersichtlichkeit sorgen.

Gegen das Schlüsselchaos können dir beispielsweise Farbmarkierungen helfen, etwa durch bunte Schlüsselkappen, die um die Schlüssel gestülpt werden. Noch einfacher geht es, wenn ihr den Schlüssel mit Nagellack anmalt. Idealerweise wählt ihr pro Schlüssel eine Farbe aus. Das dazugehörige Schloss kannst du dann von innen und außen mit derselben Farbe markieren, also zum Beispiel einen blauen Punkt auf den Haustürschlüssel geben sowie auf das Schloss, einen roten Punkt auf den Kellerschlüssel sowie das Kellerschloss. So bringst du mit simplen Mitteln etwas Ordnung ins Schlüsselchaos und hilfst deinen Eltern effektiv, in der Situation den Überblick zu behalten. Manchmal geht Helfen ganz einfach, oder?

31. TELEFONIERT ÜBERS TABLET – UND ERFORSCHT DIE DIGITALE WELT

Sind deine Eltern fit im Umgang mit Smartphone und Tablet oder fremdeln sie? Falls sie bisher noch keinen Zugang dazu haben, versuche ihnen dabei zu helfen. Vielleicht stöhnst du jetzt innerlich auf, weil du daran denkst, wie zäh es ist, wenn du zum 100. Mal Funktionen am Computer erklärst. Kenn ich, und ja, das ist nervig. Und doch ist es wichtig, deine Eltern auch darin zu unterstützen. Denn Technik und digitale Medien können ein echter Gewinn sein: Sie schenken Freude und schöne Momente, helfen beim Organisieren der Pflege und bringen dich und deine Eltern in Verbindung. Sie ermöglichen den Austausch mit anderen, bieten aber auch Möglichkeiten für mehr Bewegung (digitale Bewegungsangebote etwa) und Sicherheit (im Sinne von Notfallsystemen oder GPS-Meldern).

Dass es dafür nie zu spät ist, beweist Christoph Schneeweiß. Er hat den Caretable, ein tischgroßes, rollbares Tablet mit maßgeschneiderten Apps, für Pflegeheime entwickelt. Christoph erzählte mir, dass er zu Beginn häufig auf Skepsis stößt und Pflegende anzweifeln, ob »Menschen in diesem Alter überhaupt so moderne Technik nutzen«. Aber seine Erfahrung: »Die Antwort liegt in den Augen unserer begeisterten Nutzerinnen und Nutzer. Sie sind es, die, einmal an die digitale Welt herangeführt, ihre Freude kaum verbergen können. Stell dir vor: Ältere Menschen, die virtuell durch ihre alte Heimat spazieren, bei einem Pflanzenquiz in der Gruppe wetteifern oder gemeinsam in Erinnerungen schwelgen. Diese endlosen Möglichkeiten brechen alle Vorurteile.« Vor drei Jahren gestartet, steht der Caretable heute in fast 1000 Pflegeheimen in Deutschland, Österreich und der Schweiz. Er ist da kein Einzelgänger, sondern verschiedene Angebote haben sich in Pflegeheimen und Tagespflegeeinrichtungen bereits etabliert. Auch für den häuslichen Gebrauch gibt es spezielle Angebote wie Seniorentablets oder Apps zur Kommunikation, zum Gehirntraining, zur Biografiearbeit oder zur Erinnerung der Tabletteneinnahme.

Es ist wie mit so vielen Dingen: Wenn deine Eltern kein Interesse haben, dann werden sie digitale Angebote nicht nutzen. Sie zu überreden wird dir vermutlich nicht gelingen. Deinen Eltern ist es früher ja auch eher nicht gelungen, dich zu etwas zu überreden, das dich nicht interessierte, oder? Aber die Technik bietet so viele Möglichkeiten, dass eigentlich für fast jeden etwas dabei ist. Vielleicht hast du schon eine Idee, was deine Eltern begeistern oder erfreuen könnte, oder du hilfst ihnen einfach dabei, es herauszufinden.

Vielleicht sind es die Urlaubsbilder, die du mit deinen Eltern anschaust, oder ihr gründet eine WhatsApp-Familiengruppe, und du schickst aus eurem Alltag Schnappschüsse, damit sie teilhaben können. Oder sie erkunden die Orte ihrer Kindheit per Google Maps? Oder stöbern sich durch Shopping-Angebote? Auch die beste Idee kann allerdings ohne Erfolg bleiben. Ich erinnere mich daran, wie mein Bruder und ich voller Erwartungen meinem Papa ein Smartphone gaben und ihm die Funktionen erklärten. Er wirkte interessiert, nahm es aber nie mit. Wofür er es jedoch täglich nutzt: um sich die Wettervorhersage anzuschauen.

Lange Zeit hatten wir ein Tablet im Wohnzimmer stehen, und zwar für Videocalls, als das Telefonieren über das Telefon mit meiner Mama schwieriger wurde. Früher waren Telefonate mit ihr für mich normal und wichtig. Mit der Erkrankung nahm das immer mehr ab – und irgendwann konnte sie nicht mehr telefonieren, und es wurde schwierig, Kontakt zu halten. Die Technik half hier. Unsere Lösung: Wir positionierten das Tablet an einem festen Ort, auf dem Regal im Wohnzimmer, und stellten es so ein, dass es automatisch anging. Zudem war es dauerhaft am Strom angeschlossen. Durchaus skeptisch war mein Papa, aber er freute sich, mich und die Kinder zu sehen, wenn wir einen Videocall starteten. Ein solcher Austausch kann das persönliche Miteinander nicht ersetzen, aber er hilft, in Kontakt zu bleiben, und bringt mehr Nähe als Sprachanrufe. Ich möchte diese Möglichkeit nicht mehr missen.

Manchmal ist es auch einfacher, diese Aufgabe zu delegieren. Beispielsweise an die Enkelkinder. Als wir ein Seniorentablet für meine Eltern anschafften, blieb mein Papa zurückhaltend. Meine Kinder jedoch probierten sofort aus, welche Spiele und Möglichkeiten sich damit boten. Sie spielten nicht nur, sondern zeigten dem Opa auch, was er mit dem Gerät alles machen konnte. Und eines steht fest: Sie waren deutlich geduldiger als ich, und er ließ sich auf ihre Erklärungen besser ein als auf meine. Eine andere Möglichkeit sind Schulungen mit Gleichaltrigen, wie sie etwa der Verein Wege aus der Einsamkeit bietet, Volkshochschulen oder Nachbarschaftstreffs.

Gerade wenn du nicht in der Nähe wohnst und vieles aus der Distanz organisierst, kann ein Tablet oder Smartphone hilfreich sein. Um miteinander in Kontakt zu bleiben, das ist das eine. Aber da gibt es noch viele weitere Möglichkeiten:

gemeinsam einen digitalen Kalender führen, an Termine erinnern, Kostenvoranschläge und Dokumente verschicken, per App an die Tabletteneinnahme erinnern. Und manchmal zeigt sich dann, dass für deine Eltern etwas wichtig ist, das du so gar nicht erwartet hattest. Für meinen Papa ist das sein Lieblings-Eishockey-Verein. Das war das Erste, was er suchte, als ich ihm das neue Tablet mitbrachte. Die Mutter einer Freundin fand so zum Online-Dating und einen neuen Partner.

Noch einen positiven Nebeneffekt hat das Erkunden der digitalen Möglichkeiten: Etwas Neues zu lernen trainiert das Gedächtnis viel besser, als das 1000. Kreuzworträtsel zu lösen. Probiere es und unterstütze deine Eltern dabei, die ersten Schritte in der digitalen Welt zu machen, so wie sie dich bei deinen ersten Schritten geduldig begleitet haben.

32. MELDET EUCH IN EINEM SPORTVEREIN AN – UND TRAINIERT DAS GEHIRN

Woran denkst du beim Stichwort Gedächtnistraining? Vielleicht an Konzentrationsaufgaben, an Rätsel und Übungen? Dachte ich auch lange. Aber wusstest du, dass Kreuzworträtsel und Sudokus gar nicht so effektiv sind, wenn es darum geht, das Gehirn fit zu halten? Denn dabei wird altes Wissen nur wiederholt. Um fit zu bleiben, braucht das Gehirn jedoch andere Reize. Sich mit neuen Themen beschäftigen, einen anderen Weg gehen oder etwas Neues lernen, bringt viel mehr. Besonders effektiv ist auch sportliche Aktivität. Wer sich bewegt, der hat eine bessere Durchblutung, auch im Gehirn – und das fördert durch eine Reihe verschiedener biochemischer Prozesse auch die Verknüpfungen der Nervenzellen im Gehirn, was wiederum zu besseren Denk-, Merk- und Konzentrationsleistungen führt.

Wer sich sein Leben lang und auch im Alter viel bewegt und einen aktiven Alltag hat, profitiert doppelt: für den Körper und den Geist. Bewegung tut gut und der Austausch mit anderen Menschen ebenso. Studien bestätigen, dass soziale Kontakte helfen, Erkrankungen wie Demenz vorzubeugen. Auch Menschen mit kognitiven Einschränkungen oder gar einer Demenzdiagnose profitieren davon. So zeigte eine Studie, dass diejenigen, die in ihrem Umfeld fest eingebunden waren und aktiv blieben, einen besseren Krankheitsverlauf und bessere Lebensqualität vorwiesen als diejenigen, bei denen dies nicht der Fall war. Das Plädoyer von Fachleuten lautet daher: einen aktiven Alltag leben, im Austausch mit anderen und mit neuen Anregungen.

Ähnliche Erkenntnisse gibt es auch zu Krankheiten wie Parkinson oder psychischen Störungen. Die Untersuchungen zeigen, wie hilfreich soziale Interaktionen und Bewegung sind, um gesund zu bleiben. Darauf kommt es an, um gesund alt zu werden (und nicht auf Wundermittel oder -salben, wie es die Werbung mitunter behauptet).

Ganz klar, wie viel und was die richtige Maßnahme ist, hängt von den Interessen und der Lebensgeschichte der Person ab, ob sie schon immer sportlich aktiv war oder eher nicht. Aber auch hier gilt: Es ist nie zu spät für einen Anfang. Es lohnt sich immer, sich für mehr Bewegung zu entscheiden. Und es kommt nicht darauf an, eine bestimmte Sportart oder ein gewisses Pensum zu absolvieren. Viel wichtiger ist es, regelmäßig aktiv zu sein – und das geht natürlich am besten, wenn man Freude daran hat.

Du sollst jetzt deine Eltern nicht überreden, sich in einem Sportclub anzumelden, wenn sie da Vorbehalte haben (überreden bringt ja eh selten etwas). Aber vielleicht kannst du sie darin unterstützen, aktiver zu werden und mehr Bewegung in den Alltag zu bringen. Das kann eine Absprache mit Bekannten sein, sie mit zum Rudern zu nehmen, oder regelmäßig Wanderungen machen. Gemeinsam aktiv sein sorgt ja auch für Normalität.

Kurz nachdem meine Mama die Diagnose Alzheimer erhielt, fing sie wieder regelmäßig an zu laufen. Sie nahm sogar an kleinen Wettkämpfen teil. Ich erinnere mich, dass sie mir von einem Stundenlauf erzählte und ein wenig unzufrieden war, weil ihre Zeit nicht so gut gewesen war. Im ersten Moment fand ich das merkwürdig, die Laufzeiten zu betrauern, wenn man Demenz hat, wo doch so viel mehr zu betrauern war. Aber je mehr ich darüber nachdachte, umso besser konnte ich sie verstehen. Ich wusste, dass die Leichtathletik und das Laufen für meine Mama immer wichtig gewesen waren, dass es ihr in ihrer Kindheit und Jugend Freude und Erfolg, aber auch Wertschätzung gegeben hatte. Eigentlich war es schön, dass im Alltag mit der Demenz nicht immer die Krankheit im Vordergrund stand. Die hatte sich schon breit genug gemacht und ließ sie immer wieder traurig werden. Wie schön normal war es doch, dass Mama im Laufen Bestätigung und Freude fand! Mein Papa spürte das auch – und er begleitete sie bei ihren Läufen, fuhr oft neben ihr Fahrrad, damit sie sich nicht verirrte.

Immer mehr Vereine und Volkshochschulen bieten spezielle Programme für Ältere an. Dabei geht es vor allem um Ausdauertraining, Gleichgewicht und Koordination. Aber egal, was, Hauptsache, der Alltag bleibt im wahrsten Sinne des Wortes bewegend. Ein Verein ist nichts für deine Eltern? Dann geht's natürlich auch anders: als Mutter-Tochter-Team beim Online-Yoga oder mit der Nachbarin jeden Sonntag eine große Runde durch den Park walken.

33. MACHT EINE MODENSCHAU – UND SORGT FÜR ORDNUNG IM KLEIDERSCHRANK

Als ich ein kleines Mädchen war, hatte der Kleiderschrank meiner Mama immer etwas Magisches. Ich fand alles wunderschön und weiß noch, mit welcher Mischung aus Ehrfurcht und Freude ich Kleidung von ihr trug. Mit der Jugend kamen eigene Vorlieben, aber gemeinsame Einkaufstouren und Kleidungsanproben genoss ich weiterhin. Nie wäre ich auf die Idee gekommen, mich in den Stil meiner Mama einzumischen oder sie darauf hinzuweisen, ein Kleidungsstück zu wechseln oder sich »richtig« anzuziehen.

Aber auch das ist etwas, das sich ändert, wenn ein Elternteil älter wird und Pflege benötigt. Ich kann nicht mehr genau sagen, wann es anfing, aber ich erinnere mich, dass es mir irgendwann Unbehagen bereitete. Wie könnte ich sie am unauffälligsten darauf hinweisen, dass die Kleidung dreckig war oder roch? Ich merkte, dass sie aufgrund ihrer Krankheit so etwas nicht mehr wahrnahm und dass es ihr zunehmend Probleme bereitete, bestimmte Kleidungsstücke anzuziehen. Eine Bluse zuknöpfen etwa: Früher hatte sie das, ohne nachzudenken, gemacht, nun funktionierte es nicht mehr. Was auch schwierig schien: sich Kleidung aus dem Schrank auszuwählen. Tagelang zog Mama die gleichen Sachen an. Wie ansprechen, ohne zu kritisieren? Schließlich ist Bekleidung ja auch ein Ausdruck der eigenen Persönlichkeit. Ich wollte ihr nicht das Gefühl geben, sie nicht ernst zu nehmen. Manchmal ist das ein schmaler Grat, und es kommt auf die leisen Zwischentöne an.

Du kannst deinen Eltern sanft helfen. Eine Möglichkeit ist, dass ihr das Thema zur gemeinsamen Aktion macht. Dass es meiner Mama schwerfiel, sich für passende Klamotten zu entscheiden, lag auch daran, dass im Schrank sehr viel Auswahl war – darunter manches, das nicht mehr passte oder sie nicht selbst gut benutzen konnte.

Der erste Schritt führt also erst mal zu einer Inspektion des Kleiderschranks. Was steckt eigentlich alles darin? Passen die Sachen noch? Sind sie zu groß, zu klein? Hier geht es nicht darum, dass du deinen Eltern einen neuen Kleidungsstil vorschreibst und funktionelle Pflegekleidung einführst, sondern sie langfristig in ihrer Selbstständigkeit unterstützt.

Übersichtlichkeit und Ordnung im Schrank kann den Alltag erleichtern, denn es fällt leichter, Kleidung herauszusuchen. Wir haben Mamas Lieblingskleidung auf Bügel gehängt, sodass sie besser sichtbar war als hübsch zusammengefaltet und aufeinandergestapelt im Schrank liegend. Was auch hilft für einen besseren Überblick: jahreszeitlich zu sortieren, also mit dem Frühling die Winterkleidung wegräumen und Sommerkleidung einziehen lassen, im Herbst entsprechend andersherum.

Oftmals liegen im Schrank Kleidungsstücke, die nie getragen wurden – und vermutlich nie mehr getragen werden (das kennt ihr wahrscheinlich auch). Vielleicht könnt ihr sie weitergeben oder auf dem Flohmarkt verkaufen. Oder, wenn deine Eltern das nicht möchten: Packt alles in einen Karton, verstaut ihn auf dem Dachboden und checkt in einem Jahr noch mal. Vielleicht findet ihr aber auch ein Kleidungsstück, das deiner Mutter oder deinem Vater besonders wichtig ist, und du erfährst die Geschichte dazu.

Weniger Kleidung im Schrank, ein besserer Überblick, das half in unserer Familie nicht nur Mama, sondern auch Papa – und später auch den Pflegerinnen. Ein zweiter wichtiger Punkt beim Aspekt Kleidung: Sicherheit. Hosen oder Röcke, die zu groß oder zu weit sind, können zur Stolperfalle werden. Gerade wenn man vielleicht auf die Toilette eilt, kann es passieren, dass man durch zu lange Kleidung stolpert. Der dritte Aspekt, der vor allem für Menschen mit motorischen Einschränkungen, etwa durch eine Demenz oder Parkinson, eine Rolle spielt: Die Verschlüsse sollten sich leicht bedienen lassen. Fachleute raten: Besser als Knopfreihen sind Reißverschlüsse. Bei Hosen ist ein Gummibund praktikabler als Knöpfe oder Reißverschlüsse. Kleidung, die über den Kopf angezogen werden muss, ist oft schwierig. Aber bei all dem Expertenwissen: Das Thema braucht viel Feingefühl. Kleidung ist immer persönlich, und es kann schnell übergriffig wirken, wenn du dich einmischst. Sprich das Thema an, biete deine Hilfe an – und findet einen gemeinsamen Weg. Es geht um Sicherheit, Selbstständigkeit und um Wohlgefühl. Deinen Eltern einfach neue Klamotten zu kaufen, weil sie doch so praktisch sind, kann auch schiefgehen (ist es bei uns mehrere Male). Mein Papa, der die praktischen Shirts für Mama nicht mochte, sondern darauf bestand, etwas Schönes für sie zu kaufen. Mit meiner Mama und für sie den Kleidungsschrank auszumisten erinnerte mich immer ein wenig an meine Kindheit, als seine Schätze für mich noch etwas Magisch-Geheimnisvolles hatten. Dass Papa weiterhin auf hübscher Kleidung bestand, war vielleicht nicht praktikabel, aber irgendwie auch schön und ein Stück Normalität.

34. HOLT DIE FUSSPFLEGE NACH HAUSE – UND LERNT, HILFE ANZUNEHMEN

»Nimm Hilfe an«, das sagt sich leicht. Hast du den Satz auch schon mal zu deinen Eltern gesagt? Ich habe ihn sehr oft zu meinem Papa gesagt, in verschiedenen Gemütslagen. In all den Ratgebern für pflegende Angehörige las ich, wie wichtig es sei, Hilfs- und Entlastungsangebote zu nutzen. Dass Pflegen Kraft und Energie kostet, das merkte ich an meinem Vater. Und auch, dass ihm selber vieles nicht mehr so einfach von der Hand ging und er sich bisweilen überfordert fühlte. Er klagte oft über den Garten und was er alles machen müsste (Rasen mähen, Hecke schneiden …). Auch was die Begleitung meiner Mama betraf, erzählte er immer häufiger, wie anstrengend es sei. Nicht nur ich und mein Bruder, auch die Hausärztin und der Facharzt rieten ihm immer wieder: »Nehmen Sie Hilfe an.«

Was in der Theorie einfach klingt und sich leicht sagt, wurde häufig zum Streitpunkt. Denn Hilfe annehmen fällt vielen Menschen einfach schwer. Ich habe mich deshalb oft hilflos gefühlt, weil ich es nicht nachvollziehen konnte. Ich wusste ja von ihm, dass es anstrengend war. Wenn wir zu zweit waren und sprachen, sagte er dies offen. Sobald wir dann Ideen vorschlugen, machte er aber dicht. Mein Papa ist damit keine Ausnahme, wie ich in den vergangenen Jahren erlebt habe. Viele erwachsene Töchter und Söhne haben mir von ähnlichen Erfahrungen berichtet.

Dazu kommt, dass es nicht ausreichend Unterstützungsmaßnahmen gibt und es gar nicht so einfach ist, passende Angebote zu finden. Wenn ihr über mögliche Hilfen entscheiden wollt, müsst ihr vermutlich erst mal in eine gewaltige Vorleistung gehen, Informationen und Angebote recherchieren und euch auf Wartelisten setzen lassen. Das braucht Zeit und Kraft. Dazu kommt die emotionale Schwelle, die es oft zu nehmen gilt. Auch Hilfe zu holen fällt oft schwer (kennst du das Gefühl ebenfalls?). Für mich hat es sich wie ein Versagen angefühlt, einzugestehen, dass wir es nicht allein schaffen, dass ich keine »perfekte Tochter« bin, dass wir Hilfe brauchen, die für Mama da ist. »Es ist nicht nur ein kognitiver Prozess, anzuerkennen: Ich brauche Unterstützung, und ich muss sie annehmen. Es ist auch ein emotionaler Prozess«, sagte die Psychologin Bettina Ugolini in einem Interview.

Es gibt keine pauschale Lösung dafür, und hier zeigt sich, wie verschieden die Menschen sind. Deshalb solltest du zunächst versuchen zu verstehen, warum sich deine Eltern wehren. Ist es die Scham? Die Angst vor der Meinung des Umfelds? Der Wunsch nach Selbstständigkeit und Selbstbestimmung? Oder das Gefühl, seiner Aufgaben beraubt zu werden? Ein häufiger Grund, weshalb Unterstützungsleistungen nicht angenommen werden, ist übrigens die Sorge um das Finanzielle. Die Pflegeversicherungen unterstützen zwar mit einigen Leistungen, allerdings kommt da oft noch ein Betrag hinzu, der selbst gezahlt werden muss.

Die Hürde, Hilfe anzunehmen, ist für viele Menschen auch dann hoch, wenn es darum geht, Hilfeleistungen im eigenen Zuhause zu nutzen und Menschen, die man bislang nicht kennt, ins eigene Heim zu lassen. Und doch geht es oft irgendwann nicht mehr ohne Pflegedienst, von dem jeder fünfte Pflegebedürftige Unterstützung erhält. Ich würde dir raten, das Thema frühzeitig anzugehen und die Hilfsmöglichkeiten so zeitig wie möglich zu nutzen. So können deine Eltern Vertrauen aufbauen und lernen. Am besten fangt ihr klein an, mit Dienstleistungen wie der Fußpflege oder der Bereitstellung der Medikamente. Bei uns ging es mit den Kompressionsstrümpfen los. Die Ärztin verschrieb sie Mama und ein Rezept zum Anziehen. Bei Kompressionsstrümpfen ist es wichtig, dass sie korrekt angezogen werden, damit keine Druckstellen und Schmerzen entstehen. Prinzipiell lässt sich das lernen und ist keine Zauberei, aber ich bestand damals darauf, dass der Pflegedienst diese Maßnahme übernimmt, auch wenn mein Papa skeptisch war. Worum es mir ging: Papa erleben zu lassen, dass es hilft, wenn andere Menschen mit anpacken. Immer wieder sagte er, dass er nicht verstehe, warum der Pflegedienst das machen solle. Und ich erklärte immer wieder: »Sie helfen dir« oder »Das ist eine

Unterstützung für dich«. Doch diese Argumente schienen für ihn nicht zu zählen. Dann fand ich ein Argument, das er nachvollziehen konnte und ihn schließlich Hilfe annehmen ließ: »So kann Mama sich daran gewöhnen, dass auch andere Menschen sie unterstützen, falls du mal nicht da bist oder jemand aus der Familie. Dann wird das nicht so ein Schock für sie.«

Ich glaube nicht daran, dass es hilft, jemanden zu überrumpeln oder die Lage zu dramatisieren. Die Entscheidung lag immer bei meinen Eltern, und die Gespräche haben meinen Bruder und mich viele Nerven gekostet, aber ich glaube, dass sie wichtig waren, um zu verstehen und meine Eltern in ihrer Autonomie zu bestärken. Ich nenne es »weiche Phasen«, in denen mein Papa zustimmte. Momente, in denen er auch mutig war, um loszulassen und es zu versuchen. Überhaupt: Die Worte »Wir können es ja mal probieren« machten es leichter, für ihn und auch für meinen Bruder und mich, einen ersten Testlauf zu unternehmen.

Mitunter können für Entlastungsangebote wie Besuchs- und Betreuungsdienste oder Unterstützung im Haushalt auch die Pflegekassen aufkommen, wenn deine Eltern einen Pflegegrad haben (über den sogenannten Entlastungsbetrag). Die Fußpflege oder Medikamentengabe kann unter Umständen ärztlich verordnet und per Rezept verschrieben werden, sofern sie medizinisch notwendig sind. Noch ein anderer Punkt war für mich wichtig: Wenn wir externe Dienstleister nach Hause holen, würde sich das Netzwerk, die Bande um meine Eltern vergrößern. Das gab mir Gewissheit, dass meine Eltern in Notsituationen nicht allein wären, sondern der Pflegedienst schnell vor Ort sein könnte, viel schneller, als wenn mein Bruder oder ich aus 350 Kilometern Entfernung anreisen würden. Aus der Ferne lässt sich zwar viel organisieren und machen, aber für die schnelle Hilfe vor Ort braucht es gerade dieses Netzwerk.

IV.

REGELT WICHTIGEN PAPIERKRAM

35. SETZT EINE WIRKSAME VOLLMACHT AUF – AUCH DEINE EIGENE

Wer soll einer ärztlichen Untersuchung zustimmen, wer kündigt deinen Netflix- oder Wohnungs-Vertrag, wenn du es nicht mehr kannst? Und wie ist das bei deinen Eltern? Kaum einer denkt darüber nach, und das hat vor allem zwei Gründe: Erstens ist es nicht wirklich ein schönes Thema. Und zweitens ist da die Annahme, dass dies dann automatisch die nächsten Angehörigen entscheiden werden. Die Sache hat allerdings einen Haken: Sie sind meist gar nicht dazu berechtigt. Selbst der Ehepartner oder die erwachsenen Kinder dürfen eine Person nicht automatisch rechtskräftig vertreten, wenn diese nicht mehr geschäftsfähig ist. Seit 2023 gibt es eine Ausnahme: das Notvertretungsrecht für Eheleute und Lebenspartner. Dies ist jedoch auf sechs Monate und Gesundheitsangelegenheiten sowie Entscheidungen über freiheitsentziehende Maßnahmen begrenzt.

Damit du für deine Eltern wichtige Dinge regeln kannst, etwa den Antrag bei der Rentenkasse stellen oder den Vertrag mit dem Pflegeheim unterschreiben, brauchst du eine rechtliche Grundlage. Mit einer Vorsorgevollmacht können deine Eltern festhalten, wer sie bei Entscheidungen und Verträgen vertreten soll, wenn sie nicht mehr dazu in der Lage sind. Als juristisch geschäftsunfähig gilt eine Person dann, wenn sie sich in einem krankhaften Zustand befindet und dieser von Dauer ist, sodass sie selbst nicht mehr ihren freien Willen äußern kann. Grundsätzlich wird Geschäftsunfähigkeit in einem Gerichtsverfahren durch einen Gutachter festgestellt. Nur weil eine Person eine Vorsorgevollmacht ausgefüllt hat, gilt sie nicht automatisch als geschäftsunfähig. Solange sie ihren freien Willen äußern und Entscheidungen treffen kann, auch keine dauerhafte, krankhafte Störung vorliegt, gilt sie als geschäftsfähig. Ist dies nicht der Fall und gibt es keine rechtlichen Vollmachten, bevollmächtigt das Amtsgericht eine Person mit der rechtlichen Vertretung. Als rechtlicher Betreuer wird oft ein naher Familienangehöriger eingesetzt, allerdings kann es auch eine fremde Person wie ein Berufsbetreuer sein. Mit einer Vorsorgevollmacht sorgen deine Eltern dafür, dass sich die Person um ihre Angelegenheiten kümmert, die sie sich dafür wünschen.

Eine Vorsorgevollmacht zu erstellen, das klingt nach einer lästigen bürokratischen Aufgabe und ein wenig Papierkram, tatsächlich kann es herausfordern und so einiges an Konfliktpotenzial mit sich bringen. In vielen Familien wird es als eine Art Vertrauensfrage wahrgenommen, wer eingesetzt wird. Unter Kindern dient die Vollmacht mitunter als Gradmesser elterlicher Liebe und Wertschätzung. Fragen wie »Warum hat er meine Schwester eingetragen, aber nicht mich?« sorgen für Diskussionen und Unmut. Alte Geschwisterrivalitäten tauchen wieder auf oder verstärken sich, und statt über das Wesentliche zu diskutieren, rückt die Frage ins Zentrum: Wen liebt ihr mehr?

Noch eine andere emotionale Herausforderung zeigt sich oft: die Sorge der Eltern, mit dem Erstellen des Dokuments sofort alle Rechte abzugeben und keinerlei Entscheidungen mehr über ihr eigenes Leben treffen zu können. »Ihr wollt mich wohl entmündigen«, könnte der Vorwurf lauten, vielleicht hast du ihn auch schon gehört.

Die meisten Menschen erstellen erst dann eine Vollmacht, wenn sie eine schwere Krankheitsdiagnose erhalten oder dies aus nächster Nähe miterlebt haben. Im Grunde genommen ist es aber in jedem Alter als Erwachsener sinnvoll, eine Vorsorgevollmacht zu besitzen, denn im Prinzip kann jeder von uns jederzeit geschäftsunfähig werden. Je älter wir werden, umso höher wird jedoch das Risiko. Eine Demenz- oder Krebserkrankung, ein Schlaganfall oder andere Krankheiten können dazu führen, aber auch ein Unfall und daraus folgende Beeinträchtigungen.

Wie bei all den Gesprächen ums Pflegen und Vorsorgen ist der erste Schritt oft der schwerste. In meinem Ohr klingt dabei sofort der Satz meines Papas: »Das hat noch Zeit.« Aber es gibt zwei Argumente, mit denen ihr dagegenhalten und solche Ansichten kontern könnt. Das erste: Pflegen passiert manchmal plötzlich – und um sofort handeln zu können, müssen die Dokumente schnell parat sein. Das zweite: Es braucht Zeit, um sich mit dem Thema zu beschäftigen, eine oder mehrere Vertrauenspersonen zu finden und zu klären, was einem wichtig ist und welche Wünsche und Erwartungen man hat. Deswegen ist das hier im Grunde genommen nicht nur ein Thema für deine Eltern, sondern auch für dich. Hast du eine Vorsorgevollmacht aufgesetzt? Ich habe lange gedacht, das hätte noch Zeit und sei erst notwendig, wenn ich alt bin. Aber um sich um Vorsorge zur kümmern, dafür ist immer ein guter Zeitpunkt. Wenn du noch keine Vollmacht hast, kannst du das ja gemeinsam mit deinen Eltern angehen. Das hat einen weiteren Vorteil: Deine Eltern bekommen nicht das Gefühl, dass sie jetzt entmündigt werden sollen, sondern es ist, was es ist: ein normaler Akt der rechtlichen Vorsorge.

Ideal ist es, wenn ihr als Familie zusammenkommt und offen darüber sprecht: Wer soll sich um rechtliche Belange kümmern? Soll dies in einer Vorsorgevollmacht geschehen oder mit einer sogenannten Betreuungsverfügung (dazu im folgenden Kapitel mehr)? Der Vorteil einer Vorsorgevollmacht: Deine Eltern können selbst entscheiden, die Bevollmächtigung ist sofort nach der Unterschrift gültig. Im Grunde genommen genügt ein handschriftliches Schreiben. Es gibt auch Vordrucke und Formulare, die ihr nutzen könnt. Ich finde das einfacher, weil ihr euch im Gespräch daran orientieren könnt. Außerdem hilft es, eine sachliche Atmosphäre herzustellen.

Was ihr zur Vorsorgevollmacht noch wissen solltet:

- Es können eine oder mehrere Personen eingesetzt werden. Falls mehrere Personen eingesetzt werden, klärt unbedingt, ob jede Person allein bevollmächtigt ist (was im Alltag praktischer ist) oder ob sie gemeinsam entscheiden müssen.
- Es muss keine Generalvollmacht sein, sondern es können auch nur einzelne Bereiche übertragen werden. Diese werden dann klar benannt beziehungsweise entsprechende Bereiche ausgeschlossen.
- Eine Vorsorgevollmacht muss nicht zwingend notariell bescheinigt werden. Liegt aber bereits eine Erkrankung vor oder sind Immobilien und große Wertgegenstände im Spiel, wird dies in der Regel empfohlen.
- Eine Vorsorgevollmacht kann jederzeit widerrufen oder geändert werden, solange die Person geschäftstüchtig ist. Am einfachsten ist es, wenn die alte Vollmacht (und alle Kopien) vernichtet wird.
- Um Bankgeschäfte zu erledigen, benötigst du meist auch eine Bankvollmacht, für Immobiliengeschäfte eine Beglaubigung (vom Notar oder Betreuungsgericht).

Mein Tipp: Beginnt frühzeitig, über dieses Thema zu sprechen. So haben deine Eltern und auch du Zeit, euch damit zu beschäftigen. Und überlege dir gut: Möchtest du diese Aufgabe annehmen? Möchtest du sie allein übernehmen oder mit deinen Geschwistern? Was brauchst du, um mit gutem Gefühl und Gewissen für deine Eltern entscheiden zu können?

Meine Eltern haben nach Mamas Diagnose diese Vollmachten recht schnell erstellt, für sich selbst und ohne groß mit mir und meinem Bruder zu sprechen. Sie haben uns nur gefragt, ob wir das übernehmen würden, und wir haben zugesagt. Für mich stand dies außer Frage, doch was damit im Detail verbunden sein könnte, war mir anfangs nicht klar. Die ersten Jahre waren weder mein Bruder noch ich in größere Entscheidungen involviert, weil mein Papa für Mama auch bevollmächtigt war und dies erledigte, weil er sich ja vor Ort befand. Erst als er mit dem ganzen Papierkram nicht mehr gut zurechtkam, übernahmen wir Kinder diesen Bereich, stellten Anträge, füllten Formulare aus und unterschrieben für Mama. Ich tat es gern für sie, und doch fühlten sich manche Unterschriften sehr schwer an, etwa für die Kurzzeitpflege oder für das Pflegeheim. Ich erinnere mich sehr gut an das Gefühlschaos. Ich war dankbar, dass wir kurzfristig einen Platz bekommen hatten, wusste, dass wir Mama zu Hause nicht mehr so gut versorgen konnten, wie sie es brauchte, und doch war ich unsicher. War das wirklich in ihrem Sinne? Wäre sie einverstanden mit meiner Unterschrift, könnte sie das alles in gesundem Zustand erleben? Nicht alles lässt sich vorab besprechen, aber wenn ihr Fragen oder Zweifel habt, sprecht sie an. Meine Eltern haben diese Unterlagen schnell erledigen wollen, aber das Beschäftigen damit ermöglicht dir auch, in ein tieferes Gespräch über das Pflegen zu kommen, weil du erfährst, was sich deine Eltern wünschen und was nicht.

Damit du im Fall der Fälle schnell handeln kannst, also etwa einer Krankenhausbehandlung zustimmen oder den Vertrag für die Kurzzeitpflege unterschreiben, solltest du eine Kopie zur Hand haben und in jedem Fall wissen, wo deine Eltern die Vorsorgevollmacht aufbewahren. Am besten legt ihr eine Vorsorgemappe für jede Person an und deponiert diese an einem sicheren, aber gut zugänglichen Ort. Du kannst in der Notfalldose oder im Geldbeutel einen Hinweis hinterlegen, dass es eine Vorsorgevollmacht gibt. Eine andere Möglichkeit ist das Zentrale Vorsorgeregister der Bundesnotarkammer. Dort könnt ihr die Vorsorgedokumente registrieren lassen (es werden nur Angaben zur Vollmacht gespeichert, das Dokument bleibt daheim). Betreuungsgerichte, Ärzte und Ärztinnen sind bei Bedarf so schnell informiert.

36. SORGT VOR – MIT EINER BETREUUNGSVERFÜGUNG

Die zweite Möglichkeit, um vorzusorgen, ist eine Betreuungsverfügung. Wenn deine Eltern eine Vorsorgevollmacht erstellt haben, die immer vorrangig behandelt wird, benötigen sie eigentlich keine Betreuungsverfügung. Sie kann jedoch eine Option sein, wenn deine Eltern keine Vorsorgevollmacht erstellen möchten, etwa weil es ihnen noch zu früh erscheint, oder sie Bedenken haben, ob die damit betraute Person allein diese Aufgabe übernehmen könnte. Falls deine Eltern keine Vertrauensperson mit einer Generalvollmacht ausstatten wollen oder sich eine Kontrolle wünschen, ist die Betreuungsverfügung die Alternative, um vorzusorgen. Würden sie dies nicht tun, ist das Gericht eigenverantwortlich dafür zuständig, eine Betreuungsperson festzulegen – und das kann auch der bereits erwähnte Berufsbetreuer sein.

Mit einer Betreuungsverfügung setzen deine Eltern eine Person ein, die in die rechtliche Verantwortung treten soll, falls sie geschäftsunfähig werden. Wie bei einer Vorsorgevollmacht können sie auch mehrere Personen benennen und festlegen, wer sich um welche Bereiche kümmern soll. Sie können auch festhalten, falls eine bestimmte Person die Betreuung keinesfalls übernehmen soll. Das Gericht muss diesem Wunsch folgen. Anders als bei einer Vorsorgevollmacht kann die Person nicht sofort tätig werden, sondern muss erst in einem Gerichtsverfahren offiziell zum Betreuer benannt werden. Falls deine Eltern diese Variante wählen, kannst du erst nach dem Gerichtsbeschluss für sie tätig werden.

Ein weiterer Unterschied zur Vorsorgevollmacht ist, dass du nicht alle Entscheidungen selbstständig treffen kannst. Weitreichende Beschlüsse wie der Umzug in ein Heim oder freiheitsentziehende Maßnahmen müssen mit dem Gericht abgestimmt werden und benötigen dessen Zustimmung. Zudem musst du als Betreuerin oder Betreuer einmal im Jahr das Gericht über die pflegebedürftige Person informieren und eine Aufstellung über das Vermögen abliefern (mit Belegen und Abrechnungen). Wenn es um Geld geht, kommt es in etlichen Familien zu Konflikten. Eine Betreuungsverfügung kann dem in gewissen Maßen vorbeugen, weil die Bevollmächtigten in ihren Ausgaben vom Gericht kontrolliert werden, was ein Vorteil dieser Variante ist.

So eine Betreuungsverfügung können deine Eltern handschriftlich erstellen. Wichtig ist, dass sie es unterschreiben. Einfacher ist es, ein Muster oder Formular zu nutzen. Solche Vorlagen sind auch für Angehörige einfacher, denn du bekommst ein Gefühl dafür, welche Fragen und Themen ihr besprechen solltet und welche Entscheidungen einmal anstehen könnten. Auch im Gespräch ist es oft leichter, wenn man ein Dokument vor sich hat, finde ich. Falls ihr Unterstützung beim Ausfüllen oder Erstellen benötigt, könnt ihr euch beraten lassen, etwa bei der Verbraucherzentrale, einem Pflegestützpunkt oder Notar.

Die Dokumente gelten so lange, bis sie widerrufen werden, und das kann im Grunde genommen jederzeit passieren. Dann sollten die Originale und alle Kopien vernichtet werden. Prüft regelmäßig, ob die Angaben noch aktuell sind. Anpassungen sind jederzeit möglich.

37. STELLT EUCH DEN GROSSEN FRAGEN – UND SETZT DIE PATIENTENVERFÜGUNG AUF

Ein weiteres Dokument, das deine Eltern verfassen sollten, ist die Patientenverfügung. Eine Vorsorgevollmacht deckt alle wichtigen Bereiche der Vorsorge ab, aber medizinische Maßnahmen sind darin nicht in vollem Umfang geregelt. Dazu braucht es eine eigenständige Vollmacht und zwar die Patientenverfügung. In Deutschland hat jeder Mensch das Recht, über an ihm durchgeführte medizinische Maßnahmen zu entscheiden. Ärzte und Ärztinnen benötigen daher die Unterschrift zu Behandlungen. Wenn ein Mensch diese jedoch nicht mehr leisten kann, etwa durch eine Krankheit wie Demenz oder Krebs oder eine andere Beeinträchtigung, so müssen der Arzt oder die Ärztin und die Angehörigen den mutmaßlichen Willen der Person herausfinden und entscheiden.

Diese Entscheidungen fallen in der Regel nie leicht, aber in Notsituationen müssen sie schnell getroffen werden. Wenn deine Eltern für sich eine Patientenverfügung erstellen, sorgen sie dafür, dass die Ärzte so handeln, wie sie sich dies wünschen – und damit können sie dir in diesen oftmals schwierigen Momenten die Entscheidung abnehmen.

Wie nun soll man für solche schweren Entscheidungen vorab zu einer Antwort finden? Hier hilft die Strategie der kleinen Schritte. Bevor du anfängst, mit deinen Eltern das Thema anzugehen, würde ich dir empfehlen – wie bei der Vorsorgevollmacht auch –, deine eigene Patientenverfügung aufzusetzen. So bekommst du ein Gespür für die damit verbundenen Themen und Fragen. In einer Patientenverfügung geht es um viel mehr als lebenserhaltende Maßnahmen. Als ich mich das erste Mal damit beschäftigte, war ich erstaunt über die Fülle. Du kannst auch festlegen, in welchen Situationen die Verfügung überhaupt gelten soll, wo du sterben möchtest und wen du dir an deiner Seite wünschst. Du kannst auch hospizlichen Beistand angeben, einen konkreten Verein benennen und die Kontaktdaten der Personen, die du beim Sterben gern bei dir hättest. Das sind Riesenthemen, also nichts, was sich mal so nebenbei ausfüllen lässt. Mir fiel es nicht leicht, darüber nachzudenken. Aber dann dachte ich auch: Wenn mir das schon für mich schwerfällt, wie soll ich das gut für eine andere Person entscheiden? Mir half der Gedanke, dass ich meine Verfügung auch erstelle, um meine Töchter zu entlasten. Ich möchte nicht, dass sie sich mit diesen Fragen irgendwann einmal auseinandersetzen müssen.

Wie bei den anderen Vorsorgedokumenten gilt: Es ist gut, wenn ihr sie frühzeitig angeht, denn durch einen Unfall oder eine plötzliche Erkrankung können wir in jedem Alter in eine Lage kommen, in der wir medizinische Maßnahmen benötigen, uns dazu aber nicht mehr äußern können. Zum anderen geht das Thema Patientenverfügung mit den großen Fragen des Lebens und Sterbens einher, und diese zu durchdenken und die eigenen Wünsche zu formulieren, ist ein längerer Prozess.

Eine Patientenverfügung muss schriftlich festgehalten werden. Sie kann frei geschrieben werden, allerdings ist es auch hier hilfreich, sich an Mustern und Vorlagen zu orientieren und entsprechende Textbausteine zu verwenden. Eine Patientenverfügung sollte so eindeutig und präzise wie möglich sein. Nur der Satz »Ich wünsche keine lebenserhaltenden Maßnahmen« lässt viel Platz für Interpretationen – und dann stehen möglicherweise Ärzte, Ärztinnen und Angehörige vor der schwierigen Situation, ihn auslegen und eine Entscheidung treffen zu müssen. In einer Patientenverfügung sollten verschiedene Situationen (wie Hirnabbau, Koma, unheilbare Krankheit im Endstadium) erfasst und die Wünsche für die medizinischen Maßnahmen (wie Wiederbelebung, künstliche Ernährung, künstliche Beatmung, starke Schmerzmittel) formuliert werden.

In einer Patientenverfügung können viele Eventualitäten festgehalten werden, allerdings nicht alle, einfach weil wir nicht alles vorhersehen und planen können. Um den mutmaßlichen Willen zu ermitteln, hilft es daher, wenn in der Patientenverfügung auch Angaben zu persönlichen Werten und Moralvorstellungen enthalten sind. Nach welchen Werten lebst du? Welche religiöse und moralische Vorstellung vom Leben und Tod hast du? Was wünschst du dir für dein Sterben? Wovor hast du Angst? Nimm dir Zeit, um diesen Fragen nachzugehen, und notiere dir die Antworten. Es kann hilfreich und tröstlich sein, sich in Ruhe über diese Punkte auszutauschen. Das kannst du in der Familie tun, mit Freundinnen oder bei einer Beratungsstelle. Sozialverbände, Verbraucherzentralen oder die Deutsche Stiftung Patientenschutz bieten dazu Beratungen an.

Du sprichst deine Eltern darauf an, aber sie meinen, sie bräuchten das noch nicht? Dann lass das Thema erst mal ruhen und starte beim nächsten Besuch einen erneuten Anlauf (ja, das kostet Nerven, ich weiß, aber verliert die Angelegenheit nicht aus den Augen). Sofern keine akute Diagnose oder Veränderung vorliegt, braucht es keine Eile. Du kannst deine Eltern erinnern, sie informieren und deine Unterstützung anbieten. Geht zusammen behutsam den ersten Schritt, dann den zweiten und den dritten. Vielleicht fällt es deinen Eltern einfacher, mit einer unabhängigen Person zu sprechen, etwa bei einer Beratungsstelle.

Damit ihr die Patientenverfügung im Notfall schnell zur Hand habt, solltet ihr sie zu den anderen Vorsorgedokumenten legen. Dieses Dokument kann auch zentral gespeichert werden, sodass die behandelnden Ärzte wissen, dass eine Patientenverfügung vorhanden ist.

38. WAGT DEN BLICK AUF DAS ENDE – UND SPRECHT ÜBER EURE VORSTELLUNGEN

Als ich von Mamas Alzheimerdiagnose erfuhr, bekam ich große Angst, weil ich dachte, dass die Krankheit schnell verläuft und sie bald stirbt, da sie relativ jung erkrankt war. Doch es zeigte sich, dass die Erkrankung langsam voranschritt. So langsam, dass ich das Thema Tod sehr lange vor mir herschieben konnte. Ehrlich gesagt war ich dankbar dafür, dass ich mich nicht damit beschäftigen musste, denn der Tod hatte mir immer Angst gemacht. Vermutlich ging es meinen Eltern ähnlich. Denn genauso wenig wie über einen Umzug in ein Pflegeheim oder Betreutes Wohnen wollten sie über das Sterben sprechen oder darüber, wie sie ihren Nachlass regeln würden. Zur gleichen Zeit, als sie die Vollmachten erstellten, kümmerten sie sich auch um ihre Patientenverfügungen und das Testament. Um sich gegenseitig abzusichern, erstellten sie das sogenannte Berliner Testament – dabei setzen sich Ehepartner gegenseitig als Erben ein. Sie informierten meinen Bruder und mich über all die Dokumente, und damit war dieses Thema für meine Eltern erledigt – und auch für uns.

Dass ich nicht so richtig vorbereitet war auf schwierige Fragen und auch das Sterben, merkte ich, als die Krankheit schon weit vorangeschritten war. Es war eines Morgens, als ich zu Besuch war. Papa machte sich im Bad fertig, ich ging ins Schlafzimmer, um nach Mama zu schauen. Sie lag im Bett, und ich legte mich neben sie, so wie ich dies in meiner Kindheit zuletzt getan hatte. Ich genoss die friedliche Nähe, streichelte ihre Stirn und sagte: »Guten Morgen, Mama!« Mama lag seltsam reglos neben mir, bekam ihre Augen anscheinend nicht auf, und ich verspürte mit einem Mal Angst. Angst vor dem Ende. Ich wusste aus ihrer Patientenverfügung, dass sie am liebsten daheim sterben wollte und lebensverlängernde Maßnahmen ablehnte, aber was würde das im Detail bedeuten? Was erwartete mich? Schon seit Monaten war sie sehr schläfrig gewesen, wirkte eigentlich immer abwesend und wie in einer fernen Welt, aber wann würde der Abschied kommen? Wie würde er werden? Was würde sie von mir brauchen? Ich hatte das lange nicht wissen wollen, und jetzt fing ich an, darüber nachzudenken.

Wann ist die richtige Zeit gekommen, um über das Ende nachzudenken und darüber zu sprechen? Für mich kam sie in diesem Moment. Ich hatte noch nie jemanden beim Sterben begleitet, nicht mal einen toten Menschen gesehen. Wenige Jahre zuvor war meine Oma gestorben, auch meine Großtante, und beides hat mich sehr traurig gemacht. Aber da lag der endgültige Abschied meiner Mama noch in weiter Ferne, die Demenz war irgendwie Alltag geworden und nicht das Ende.

An diesem einen Morgen merkte ich wieder mal, dass es zu spät war, um das mit Mama zu besprechen. Ich schrieb all meine Gedanken und Gefühle dazu auf und fasste Mut, dass es mir wie mit so vielen Erfahrungen gehen würde, dass ich im richtigen Moment das Richtige für sie entscheiden würde. Anderthalb Jahre später kam so ein Moment, in dem das auf die Probe gestellt wurde. Mama war im Krankenhaus, sie hatte keinen Appetit mehr gehabt, war geschwächt. Mit meiner Familie saß ich bei der Sozialberatung des Krankenhauses, die Patientenverfügung lag vor uns, und wir wollten klären, wie es weiterginge. In vorherigen Gesprächen hatte sich immer alles um das Pflegeheim und Unterstützungsleistungen gedreht, und nun redeten wir plötzlich über Themen wie Hospiz und Palliativbegleitung. Ich konnte es kaum fassen. Ich wünschte, ich hätte wenigstens einmal mit ihr darüber gesprochen, als all dies noch ging. Doch wir hatten es weggeschoben, aus Angst, und nun fühlte ich mich hilflos.

Sich als Kind das Sterben der Eltern vorzustellen ist wohl eines der schwersten Dinge. Wie geht es dir damit? Und wie deinen Eltern? Mir half es, die Patientenverfügung zu haben und damit sozusagen die mütterliche Erlaubnis für gewisse Maßnahmen. Ich las sie an diesen Tagen immer wieder, wollte irgendwie vorbereitet sein auf mögliche Komplikationen und Entscheidungen. Mamas Zustand besserte sich jedoch wieder etwas, sie konnte in ein Pflegeheim einziehen. Einige Wochen später starb sie dort friedlich, sie schlief eines Nachmittags einfach ein.

Das Ende lässt sich nicht planen, aber deine Eltern können ihre Wünsche festhalten – und das macht es auch für dich einfacher. Versucht euch in einem ruhigen Moment darüber auszutauschen. Deine Eltern können auch das sogenannte »Advance Care Planning« (ACP) nutzen. Mit dieser vorausschauenden Versorgungsplanung lassen sich Behandlungswünsche umfassender festlegen, als dies bei der Patientenverfügung der Fall ist. Das Konzept zielt darauf ab, die Behandlung so zu planen, dass sie dem Willen und den Wünschen des Patienten entspricht, selbst wenn er sich nicht mehr äußern kann. Es nutzt ein strukturiertes Vorgehen, begleitet von speziell ausgebildeten Fachkräften. Auch der Hausarzt oder die Hausärztin können einbezogen werden, ebenso wie Angehörige. Solche Gespräche und Dialoge sind schwer, aber sie schaffen Klarheit und Sicherheit. Denn in einer Notfallsituation weißt du, was die Wünsche deiner Eltern sind, und kannst sie umsetzen. Und sie nehmen dich im Prozess der Entscheidungsfindung mit, sodass du im besten Sinne für deine Eltern handeln kannst. »Von den Familien, die sich so vorbereiten, höre ich, dass es sehr entlastend ist«, sagte mir Anja. Zum einen wisse die pflegebedürftige Person, dass ihr Wille gehört werde, zum anderen, dass sie die Angehörigen damit nicht belaste.

Auch, wenn es schwerfällt (und wie könnte es das nicht), wagt den Blick auf das Ende und versucht die Formalitäten zu klären. Nach meinen Erfahrungen in den vergangenen Jahren denke ich, dass man sich kaum darauf vorbereiten kann, dass ein lieber Mensch tot ist und nie mehr kommen wird, aber auf den Tod kann man sich ein wenig vorbereiten – und letztendlich ist das etwas, das du für deine Eltern tust, damit sie im Guten gehen können, dass du sie so begleiten kannst, wie sie es sich wünschen.

39. KLÄRT DIE FINANZEN – DENN PFLEGEN KOSTET

Über Geld spricht man nicht! So sagt man es ja oft, so habe ich es in meiner Familie gelernt und jahrelang auch mit Freundinnen und Kolleginnen erlebt. Aber ich bin mittlerweile überzeugt, dass es falsch ist. Ich möchte euch nicht dazu überreden, all eure Einnahmen und Ausgaben offenzulegen, aber ich denke, es ist wichtig, in der Familie über die Finanzen zu sprechen. Denn: Pflegen und Kümmern kostet nicht nur Zeit und Energie, sondern auch Geld – und viele Menschen macht es arm.

Da sind Hilfsmittel, Dienstleistungen und Behandlungen, die die Betroffenen oft selbst bezahlen oder zu denen sie zuzahlen müssen, zum Beispiel Betreuungsdienste, aber auch rutschfeste Matten oder Pflegebetten. Auch bei Leistungen wie der Tages- oder Kurzzeitpflege sind oft Zuzahlungen notwendig. Ich möchte dir keine Angst machen, aber deinen Blick für das Thema Finanzen schärfen und es aus der Tabuzone holen. Denn gerade Geld ist etwas, das in vielen Familien in Pflegesituationen zu Diskussionen führt und ein immerwährender Streitpunkt ist.

Zwar gibt es für viele Maßnahmen zur Pflege eine finanzielle Unterstützung der Pflegeversicherung, ABER: Dies ist nicht mehr als eine Teilkaskoversicherung. Wenn also deine Mutter oder dein Vater intensiver Pflege bedürfen, etwa in einem Heim, kann dies mehrere Tausend Euro kosten – pro Monat. Jüngst zeigte eine Auswertung des Verbands der Ersatzkassen, dass die finanzielle Belastung für Pflegebedürftige und deren Familien in den vergangenen Jahren kontinuierlich zugenommen hat. So stieg die monatliche Eigenbeteiligung für Bewohner eines Pflegeheims von 2022 auf 2023 im Schnitt um 348 Euro. Durchschnittlich müssen 2548 Euro zugezahlt werden, jeden Monat. Wer kann sich das leisten bei einer Durchschnittsrente von 1543 Euro für Männer und 1173 für Frauen? Wie sollen Menschen das finanzieren? Kein Wunder also, dass Geld im Pflegefall zum echten Problem werden kann.

Die Angst, sich einen Platz im Pflegeheim nicht leisten zu können, ist bei vielen Menschen spürbar. Auch für meine Eltern wurde Geld beziehungsweise die Sorge um nicht genug Geld zu einer Belastung. Ich hatte mit ihnen nie über Geld gesprochen, von ihrer finanziellen Situation wusste ich im Grunde so gut wie nichts. Doch nach der Demenzdiagnose änderte sich das – und das war gut so. Denn um planen zu können und Sicherheit zu bekommen, braucht es Offenheit und Transparenz: Wie hoch sind die Einnahmen? Welche Rücklagen gibt es? Welche finanziellen Ausgaben stehen an – und welche davon lassen sich möglicherweise reduzieren? Ideal ist es, wenn deine Eltern so viel Vertrauen haben, dass ihr dies gemeinsam klären könnt. Hier kann auch eine Beratung bei einer Verbraucherzentrale oder einem Pflegestützpunkt hilfreich sein. Sie informieren, welche finanziellen Unterstützungsmöglichkeiten der Pflegeversicherung genutzt werden können, wie hoch sie sind und wie deine Eltern diese erhalten. Voraussetzung dafür ist ein Pflegegrad, der bei der Pflegeversicherung beantragt und nach einem Gutachten vergeben wird. In manchen Fällen kann die Zahlung der Pflegekasse die Ausgaben decken, zum Beispiel wenn ihr einzelne Tage in der Tagespflege nutzt, aber oft genügt es nicht. Reichen die Rente oder das Vermögen nicht aus, um den Aufenthalt im Pflegeheim zu bezahlen, kann das Sozialamt dafür aufkommen. Deine Eltern können die sogenannte »Hilfe auf Pflege« beim örtlichen Sozialamt beantragen.

In der Familie über das Thema Geld und Finanzierung der Pflege zu sprechen, ist auch für dich wichtig. Denn auf pflegende Angehörige kommen ebenfalls finanzielle Belastungen zu. Ab einem bestimmten Einkommen können erwachsene Kinder unterhaltspflichtig werden. Können die Eltern die Kosten für das Pflegeheim nicht eigenständig bezahlen, so kann das Sozialamt einen Teil der Kosten von den Kindern zurückverlangen, sofern sie ein Jahresbruttoeinkommen über 100 000 Euro haben.

Oft sind die Kosten aber versteckter, und zwar durch eigene Lohn- und Renteneinbußen. »Das mache ich doch gern« oder »Das ist mir wichtig«, denkst du vielleicht, wenn du deine Eltern unterstützt, aber Fakt ist, dass das Kümmern Zeit benötigt und damit auch Geld kostet. Ein Arzttermin ist nicht nebenbei erledigt (leider), auch Recherchen nach einem Pflegedienst oder endlose Telefonate zu passenden Pflegehilfsmitteln, der Umbau zum barrierefreien Wohnen und vor allem das Da-Sein nicht. Hast du dir überlegt, wie du damit umgehen möchtest? Hast du mit deinen Eltern darüber gesprochen? Mit deinen Geschwistern? Oder geht es dir wie mir, und du versuchst einfach, all die Dinge wie selbstverständlich nebenbei zu erledigen? Ich tue es gern für meine Eltern, fühle mich allerdings auch für sie verantwortlich. Hartnäckig hält sich die Aussage, als Kind sei man es den Eltern schuldig. Zumindest in finanzieller Hinsicht sind sie es wie gesagt nur in gewisser Weise (ab der 100 000-Euro-Jahresgehaltsgrenze). Die Philosophin Barbara Bleisch diskutiert in ihrem Buch *Warum wir unseren Eltern nichts schulden* die Frage, inwieweit erwachsene Kinder ihren Eltern Dankbarkeit und Leistungen als Ausgleich entgegenbringen müssen. Ihr Fazit: »Es gibt keine solche Pflicht, ebenso wenig wie Kinder die Pflicht haben, ihren Eltern wie ein Schuldner Güter zu erstatten. Kinder schulden ihren Eltern nichts im Sinne einer Rückgabe von Gütern, Zinsen oder Vergleichbarem.« Kinder würden gut daran tun, eine dankbare Haltung zu kultivieren, aber die verpflichte nicht dazu, etwas zurückzugeben. Dass Menschen im Alter gut versorgt und finanziell abgesichert seien, betrachtet sie nicht als individuelle, familiäre Aufgabe, sondern eine der Gemeinschaft. »Wir alle haben gemeinsam die Pflicht, dafür zu sorgen, dass alte Menschen nicht unter Armut leiden«, schreibt Bleisch.

Wie auch immer du die Frage nach der »Schuldigkeit« für dich beantwortest, pflegende Angehörige gelten nicht umsonst als der größte Pflegedienst der Welt. Mit einem Unterschied: Sie werden finanziell nicht entlohnt. Die Statistik zeigt, dass es vor allem Frauen sind, die pflegen. Viele von ihnen reduzieren mit zunehmender Pflege ihre Arbeitszeiten oder hören ganz auf zu arbeiten. Ich dachte, ich hätte eine gute Lösung für mich gefunden: die Selbstständigkeit. So konnte ich freier arbeiten und meine Eltern zu Arztterminen begleiten oder auch mal länger bei ihnen sein. Allerdings gilt auch da: Wer pflegt, kann nicht gleichzeitig arbeiten – und wer nicht arbeitet, verdient nun mal kein Geld. Viele pflegende Angehörige geraten später in eine Altersarmut, weil sie weniger Geld in die Rentenversicherung einzahlen konnten. Die Frage ist somit auch, wie wollt ihr damit umgehen, wenn ein Geschwister die hauptsächliche Pflege für Mutter oder Vater übernimmt?

Ich kenne kaum eine Familie, in der darüber gesprochen wird, und ich glaube, dass es vor allem auch daran liegt, dass den meisten Menschen diese Seite des Pflegens nicht bewusst ist. Wenn du dich um deine Eltern kümmern möchtest, dann überlege dir, wie du deine Arbeitszeit anpassen möchtest, ob und wie du dir die Fürsorge leisten kannst und wie du finanziell vorsorgen willst. Es gibt einzelne Leistungen der Pflegeversicherung, die ihr nutzen könnt (etwa die Verhinderungspflege), oder Steuererleichterungen, dennoch solltet ihr auch in der Familie darüber sprechen, ob es Möglichkeiten der individuellen Finanzierung gibt. Das kann sein, dass das Kind, das pflegt, von den Geschwistern oder Eltern eine regelmäßige Bezahlung erhält oder die Auslagen für die Fahrten und An- und Abreise erstattet bekommt. Darüber zu sprechen, fällt extrem schwer. Denn Geld ist ja nicht nur Geld, sondern oft auch ein Zeichen von Wertschätzung und Liebe. Aber um als Familie fair zu sein, solltet ihr versuchen, eine Lösung zu finden. Sprecht das Thema am besten aus der eigenen Perspektive an und sagt, dass ihr euch Gedanken macht, wie ihr das bezahlen könnt. Auch hier gilt: Am besten fangt ihr frühzeitig damit an.

40. BEREITET DEN NOTFALL VOR – UND SORGT FÜR SICHERHEIT

Eine meiner größten Sorgen galt schon immer einem Notfall: Was tun, wenn Mama oder Papa daheim etwas passiert, was eine schnelle Reaktion erfordert? Mein Papa fand das unnötig bis übertrieben, aber ein Blick auf die Unfallzahlen gab mir recht, denn nirgendwo passieren so viele Unfälle wie im eigenen Zuhause – fünfmal so viele wie im Straßenverkehr! Und: Je älter die Menschen, desto höher die Wahrscheinlichkeit für einen Haushaltsunfall. Mehr als 90 Prozent der Unfälle betreffen über 65-Jährige.

Wenn ich meine Sorgen äußerte, erklärte mein Papa: »Mir passiert schon nichts.« Und schob hinterher: »Mir ist noch nie etwas passiert.« Mein Argument, dass dies ja in der Natur von Notfällen liege, dass sie plötzlich und unerwartet aufträten, belächelte er. Ich wollte nicht panisch werden oder meine Eltern bevormunden, aber die Sorge vor dieser Ausnahmesituation war immer da und nahm im Laufe der Zeit zu. Meine Eltern hatten zu zweit immer alles hinbekommen – und auch nach Mamas Diagnose ließ Papa keine Zweifel aufkommen, dass dies künftig ebenso wäre. Irgendwie erschien es ja absurd. Zu Hause fühlten sich meine Eltern sicher und geborgen. Dort sollte es plötzlich so gefährlich sein, dass sie einen Rettungsdienst brauchten?

Ich merkte, dass ich mit Vernunft und objektiven Argumenten nur wenig klären konnte, denn dieses Gefühl der Sicherheit überwog. Doch waren da meine Ängste: Was wäre, wenn Mama stürzte und sich verletzte? Was wäre, wenn Papa einen Herzinfarkt hätte? Je mehr Pflege Mama brauchte, je älter Papa wurde, umso größer wurde auch diese Sorge, doch Papa war überzeugt: »Mir passiert schon nichts.«

Sicher ist das ein größeres Thema für all jene, die nicht vor Ort sind, die aus der Ferne pflegen. Für mich stand fest, dass ich so schnell wie möglich zu meinen Eltern fahren würde, wenn sie einen Notfall hätten, aber wie könnte ich für sofortige Unterstützung sorgen? Lange wollte mein Vater nicht darüber sprechen, aber nachdem es einen – zum Glück – harmlosen Notfall gab, änderte er seine Meinung. Es war Hochsommer, und Mama hatte einen leichten Kreislaufzusammenbruch. Mein Papa, der immer meinte, er könne mit jeglichen Schwierigkeiten umgehen, war schier überfordert. Damals war zum Glück mein Bruder vor Ort, der alles regeln konnte. Das Gute dieser Notsituation: Mein Papa öffnete sich für das Thema: »Ja, vielleicht wäre es gut«, war seine Antwort, als ich fragte, ob wir ein Notrufsystem organisieren sollten.

Es gibt verschiedene Anbieter und Systeme, und unter Umständen könnt ihr sogar einen Zuschuss von der Pflegeversicherung bekommen. Was meiner Meinung nach am wichtigsten ist: Dass deine Eltern damit auch umgehen können. Zu unserem Notrufsystem gehörte ein Notfallbändchen und eine feste Station. Als ich alles installiert hatte, verließ ich das elterliche Heim mit einem guten Gewissen. Doch Wochen später schlumperte das Notfallbändchen in der Krimskramsschüssel im Wohnzimmer herum. Als ich meinen Papa darauf ansprach, sagte er, er wisse gar nicht so richtig, was er damit machen sollte. Ich merkte, dass es nicht genügt, ein Notrufsystem anzuschaffen, sondern dass es auch Übung braucht und gutes Zureden, ganz besonders, wenn der Benutzende eine Scheu gegenüber jeglicher Technik an den Tag legte. Was ihr tun könnt: den Notfall üben und immer mal wieder das Notrufsystem benutzen. Die Mitarbeiterin des Dienstes versicherte mir sogar, dass sie dies empfehlen, auch um zu testen, ob die Geräte funktionieren und wie eine solche Situation ablaufen könnte. Als wir das erste Mal bei der Notrufzentrale anriefen, hatten wir ein mulmiges Gefühl, aber zu hören, dass sie meinen Papa mit seinen Namen ansprachen, gab mir ein gutes Gefühl. Denn klar war, es wäre schnell ein Rettungsdienst da und hätte vorab medizinische Informationen zu meinen Eltern.

Eine noch einfachere Notfallmaßnahme ist die Notfalldose. Dabei handelt es sich um ein kleines Gefäß, das lebenswichtige Informationen enthält. Dazu gehört ein Informationsbogen, auf dem du die wichtigsten gesundheitlichen Daten einträgst (Krankheiten, Medikamente, Unverträglichkeiten, Allergien) sowie Kontaktdaten von Hausarzt und Ansprechpartnern im Notfall. Zudem kommt ein Medikamentenplan in diese Dose. Sie wird in den Kühlschrank gestellt, nicht, weil sie kühl stehen muss, sondern weil es in jeder Wohnung einen Kühlschrank gibt und der leicht zu finden ist. Mit einem Aufkleber an der Innenseite der Eingangstür sehen die Mitarbeitenden des Rettungsdienstes, wenn sie ins Haus kommen und die Tür schließen, sofort, dass es eine Notfalldose im Haus gibt.

Klar, all diese Maßnahmen können keinen Herzstillstand oder Sturz verhindern, aber sie sorgen dafür, dass Helfer schneller da sind, Bescheid wissen – und bestmöglich helfen können. Achte darauf, dass Medikamentenpläne und Angaben immer auf dem aktuellen Stand sind. Und überlege gut, wen du als Notfallkontakt einträgst. Denn das sollten Personen sein, die nicht nur per Telefon gut erreichbar, sondern möglichst auch vor Ort sind. Das können Familienangehörige, aber auch gute Freunde oder Nachbarn sein. Es ist wenig hilfreich, nur Personen einzutragen, die weiter weg wohnen. Mein Bruder und auch ich wohnen mehrere Hundert Kilometer von meinen Eltern entfernt. Um sicherzugehen, dass Vertraute schnell bei meinen Eltern sein können, haben wir auch andere Familienangehörige und die Nachbarn eintragen lassen. Gut ist, wenn sie einen Ersatzschlüssel haben. Eine Alternative ist ein Schlüsselsafe, damit der Rettungsdienst und die Helfer ins Haus kommen können.

Übrigens: Auch wenn die Statistiken sagen, dass vor allem ältere Menschen betroffen sind, so kann doch jeder von uns daheim einen Unfall oder eine medizinische Notsituation haben. Deshalb macht es auch für dich Sinn, eine Notfalldose in deinen Kühlschrank zu stellen. Besonders wenn es Allergien gibt oder du regelmäßig Medikamente nimmst, wäre das wichtig. Und zu sehen, dass ihr Kind es auch so macht, gibt deinen Eltern ein gutes Gefühl, ist ein Stück Normalität.

41. MACHT EIN MEDIKAMENTEN-UPDATE – IMMER WIEDER

Im Laufe der Jahre sind bei meinen Eltern immer wieder neue Medikamente hinzugekommen. Ich wusste von bestimmten Medikamenten, die Mama nach der Diagnose bekam, aber was die Hausärztin verschrieb, darüber war ich nicht informiert. Weißt du Bescheid, welche Arzneien deine Mutter oder dein Vater nehmen? Kannst du ihre Krankheitsdiagnosen benennen? Kennst du das Präparat und weißt, wann und in welcher Dosis es eingenommen werden sollte? Wenn ihr euch über solche Informationen austauscht, ist das super. Vielleicht hast du auch nur einen groben Einblick, oder dein Vater informiert dich, dass er nun »weiße Tabletten gegen die Galle« nimmt. Ähnlich konkret waren und sind die Angaben in meinem Elternhaus. Du kannst deinen Eltern helfen, indem du dich näher damit beschäftigst.

Viele ältere Menschen nehmen mehrere Medikamente. Eine Auswertung der Bundesvereinigung Deutscher Apothekerverbände zeigt, dass vier von zehn Menschen über 65 Jahren mehr als fünf rezeptpflichtige Arzneien einnehmen. Mehr ist aber nicht immer besser, sondern diese sogenannte Polymedikation – so sagen Fachleute dazu – kann auch schaden. Sie kann zu Beschwerden und Funktionsstörungen führen, die wie scheinbar neue Symptome wirken und wieder Medikamente nach sich ziehen. Und klar, auch untereinander haben Medikamente Wechselwirkungen.

Was der Arzt verschreibt, wird schon richtig sein, oder? Ja, sicher. Doch das Problem ist, dass die Medikamente häufig von verschiedenen Ärzten und Ärztinnen verschrieben werden. Manchmal werden Medikamente auch weitergenommen, obwohl die Therapie schon beendet ist. Oder sie werden frühzeitig abgesetzt oder falsch eingenommen. Möglicherweise kommen noch rezeptfreie Sachen wie Nahrungsergänzungsmittel, Schlaftabletten oder Schmerzsalben dazu, deren Anwendung oft nicht mit dem Arzt abgestimmt ist, die aber natürlich auch mit Nebenwirkungen einhergehen können.

Nehmt euch die Zeit, um mit euren Eltern einen Medikamentencheck zu machen, und fragt nach: Wofür nimmst du das? Wann sollst du es nehmen? Wie lange brauchst du das Medikament?

Falls eure Eltern mehr als drei Präparate verschrieben bekommen haben und diese dauerhaft nehmen sollen (also länger als 28 Tage), haben sie einen Anspruch darauf, dass der Arzt oder die Ärztin einen individuellen Medikationsplan erstellt. Dieser kann auch auf der elektronischen Gesundheitskarte gespeichert werden. Der Vorteil liegt auf der Hand: ein Überblick über Medikamente mit Inhaltsstoff, Dosierung und Hinweisen zur richtigen Einnahme. Erste Ansprechperson ist die Hausärztin oder der koordinierende Facharzt. Ein Medikationsplan ist ebenfalls hilfreich, falls deine Eltern ins Krankenhaus müssen. Auch der Pflegedienst oder die Tagespflege benötigen ihn, falls sie die Medikamente verabreichen.

Die Medikamente sollten regelmäßig vom Arzt überprüft werden. Vielleicht sind Symptome ja verschwunden, und das Mittel kann abgesetzt oder niedriger dosiert werden. Untersuchungen zeigen, dass viele pflegebedürftige Menschen beispielsweise viel zu lange Beruhigungsmittel bekommen. Solltest du Bedenken oder Fragen haben, sprich deine Eltern oder die zuständigen Ärzte an. Wenn der Medikationsplan aktualisiert wird, sollten alle betroffenen Ansprechpartner ebenfalls ein Update bekommen. Ich erinnere mich, dass wir den Plan zwar fein säuberlich in die Küche gehängt haben, damit wir auf den ersten Blick sehen konnten, wann welches Medikament gegeben werden musste. Was wir vollkommen vergessen hatten: ein Update an die Tagespflege weiterzugeben, die Mama mittags ihre Arznei gab.

Ansprechpartner in Sachen Medikamente, deren Verträglichkeit und Einnahme sind übrigens auch die Apotheken vor Ort. Wer mehr als fünf Arzneimittel einnimmt, kann eine sogenannte Medikationsanalyse nutzen. Einmal jährlich übernehmen die gesetzlichen Kassen in der Regel die Kosten dafür.

Wenn eure Eltern regelmäßig Arzneien nehmen müssen, könnt ihr sie unterstützen, indem ihr dies entsprechend vorbereitet. Es gibt Tablettenboxen oder Medikamentendosen, mit denen sich die Medikamente für eine Woche portionieren lassen (auch unterteilt nach Einnahmezeiten). Im Alltag kann das eine gute Hilfe sein, denn es spart Zeit und lässt sich gut vorbereiten, wenn man nicht täglich da ist. Was euch auch helfen kann: einen Pflegedienst mit der Besorgung und Gabe der Medikamente zu betrauen. »Das kann ich doch auch«, monierte mein Vater anfangs. Ja, sicher, die Gabe bekam er allein gut hin, was sich aber als wirklich hilfreich entpuppte: Der Pflegedienst hatte im Blick, wann ein neues Rezept notwendig war, und besorgte dies dann bei den Ärzten. Das ist ein gutes Beispiel für

Dinge, die du delegieren kannst unter all den Aufgaben, die so auftauchen, wenn unsere Eltern älter werden und wir sie unterstützen.

42. SAMMELT WICHTIGES AN EINEM ORT – FÜR EINE GUTE ÜBERSICHT

Im Lauf der Jahre kamen immer mehr Termine, Hilfsmittel, Dienstleistungen und Ansprechpartner hinzu. War das Zuhause meiner Eltern früher sehr auf uns als Familie bedacht, so öffnete es sich durch Mamas Pflege für andere. Das war gut und wichtig, denn so verteilten sich die Aufgaben auf verschiedene helfende Hände: für den Haushalt, für das Waschen, für die Medikamentengabe, für die Fußpflege, fürs Dasein und Zeitschenken. Damit das alles harmonierte, brauchte es einen Überblick, für meinen Papa und für uns. Je mehr Menschen in die Betreuung involviert sind, umso herausfordernder wird es, die Übersicht zu behalten.

Einen Überblick kannst du schaffen, indem du alle Adressen und Termine an einem Ort sammelst. Eine simple wie effektive Lösung: eine große Pinnwand oder Magnettafel im Flur. Eine Seite nutzt ihr für Termine, die andere für Adressen. Auf die Terminseite heftest du die Notiz- und Arztterminzettel, Einkaufserinnerungen oder Rezepte, die so gern herumliegen oder im Geldbeutel schlummern. So sind die aktuellen Termine und Erledigungen auf einen Blick sichtbar. Auf die andere Seite kannst du Visitenkarten von wichtigen Kontakten (Pflegedienst, Hausarzt, Apotheke, Taxi …) pinnen. Am besten schreibt ihr auch die Kontaktdaten der Bezugspersonen und Bevollmächtigten dazu. So finden deine Eltern deinen Kontakt schnell, und auch andere Personen haben die Infos sofort zur Hand.

Wenn noch genug Platz ist, kannst du einen Monatskalender danebenhängen, der alle anstehenden Arzt- und weitere wichtige Termine auf einen Blick für die nächsten vier Wochen bündelt. Wir haben auf unserem auch vermerkt, wann Mama in der Tagespflege war oder wann der Pflegedienst kam und was anstand (nur die Medikamentengabe oder auch Duschen und Haarewaschen). So hatte jeder sofort einen Überblick. Meinem Papa gab es eine wichtige Orientierung, und es war leichter, neue Termine auszumachen, weil gut zu erkennen war, wenn es zeitlich nicht funktionierte. Auch Tages- oder Wochenkalender sind nützlich, wenn ihr etwas kleinschrittiger vorgehen wollt und euch eine Struktur für den Alltag wünscht.

All diese Informationen lassen sich auch digital an einem Ort zu sammeln. Gerade wenn Geschwister sich die Pflege aufteilen und nicht immer zu Hause sind, sorgt ihr so dafür, dass jeder über Termine, Ansprechpartner und Aufgaben Bescheid weiß. Digitale Organisationstools lassen sich auch wunderbar nutzen, wenn größere Aufgaben anstehen, wie der Umbau im Haus, und dazu mehrere kleine Aufgaben notwendig sind, wie Kostenvoranschläge einholen, sie bei der Pflegekasse beantragen und mit Handwerkern kommunizieren. Liegen alle Informationen an einem Ort, könnt ihr euch besser darüber austauschen und entscheiden. Am besten verteilt ihr die Aufgaben nach Bereichen. Statt verschiedener WhatsApps oder Telefonate könnt ihr über ein gemeinsam genutztes Tool die Informationen schnell weitergeben oder über Terminänderungen informieren. Digitale Kalenderfunktionen haben den Vorteil, dass ihr diese untereinander synchronisieren könnt und jeder Nutzer die Änderungen erhält. So geht ihr transparent mit Informationen um und könnt alle eure Entscheidungen aufgrund der gleichen Informationen treffen.

V.

FINDE DEINE EIGENE ROLLE

43. SEI DEIN EIGENER DETEKTIV – UND FINDE DEIN WARUM

In all den Jahren der Begleitung meiner Mama habe ich viel übers Pflegen gelernt und darüber, was ihr guttut. Ich habe auch viel über mich gelernt. Wenn wir uns um andere Menschen kümmern, dann spielen verschiedene Mechanismen hinein: die Strukturen in der Familie, unsere Erziehung, unsere Werte, Erwartungen und Wünsche. Ich möchte dich einladen, die Beziehung zu deinen Eltern genauer anzuschauen und herauszufinden, *warum* du tust, was du tust. Warum hilfst du ihnen? Was treibt dich an?

Vielleicht hast du dich all das noch nie gefragt – dann geht es dir so, wie es mir lange Zeit erging. Für mich stand nach der Diagnose fest, dass ich für Mama da sein möchte und Papa unterstützen will, so gut es auf die Distanz, die zwischen uns lag, eben ging. Ich habe nicht hinterfragt, was mein Antrieb und was meine Rolle ist, sondern einfach gemacht, was mir notwendig erschien, nach dem Motto »Je mehr, desto besser«. Anfangs ging es viel um organisatorische Fragen, dann nahm die Unterstützung im Haushalt und Alltag zu, nach und nach kamen pflegerische Aufgaben hinzu. Dass meine Angebote zur Unterstützung nicht immer freudestrahlend aufgenommen wurden, habe ich bereits beschrieben. Es gab Situationen, da diskutierten wir heftig, und ich ging weinend aus dem Raum. Ich hatte mir solche Mühe gegeben, und nichts wollte mein Vater annehmen!

Was da passiert war? Ich fühlte mich und meine Mühen weder gesehen noch wertgeschätzt. Statt Dankbarkeit und Wertschätzung spürte ich Ablehnung. Als ich mit der Pflegeexpertin Sabine Engel sprach, verstand ich besser, was neben den unausgesprochenen Wünschen und Erwartungen vor sich gegangen war. Oftmals laufe in Pflegesituationen ein Muster ab nach dem Motto »Wenn ich mich besonders viel anstrenge, werde ich besonders geliebt«, erklärte Sabine Engel. »Insbesondere Frauen haben oft das Gefühl, etwas nachholen zu wollen. Durch das Pflegen erhoffen sie sich die Liebe und Nähe, die sie vielleicht früher nicht hatten. Aber das funktioniert meistens nicht.«

Nicht nur unsere Eltern haben bestimmte Erwartungen und Hoffnungen an uns, sondern wir auch an sie. Häufige Treiber sind Schuld- und Pflichtgefühle, auch die Aussicht auf ein möglicherweise höheres Erbe kann dahinterstecken. Dazu kommen durchaus noch viel zu hohe Ansprüche an einen selber. Bei mir war es der Wunsch nach Perfektion, der mich immer wieder antrieb. Ich wollte alles richtig machen. Dass ich damit einer Illusion nachhing, habe ich schmerzlich begriffen, als meine Mama nach einem Kreislaufzusammenbruch ins Krankenhaus kam. Plötzlich stand die Frage im Raum, ob Papa die Pflege übernehmen würde, wenn sie wieder nach Hause käme. Ich, die ich mir bis dahin eingeredet hatte, ich würde Mama zu mir holen, wenn es daheim nicht mehr ginge, fühlte mich, als hätte ich versagt.

Mein Bruder und ich hatten uns wenige Monate zuvor für ein Wochenende nur zu zweit getroffen. Wir waren uns in vielen Dingen einig, besuchten unsere Eltern oft abwechselnd, damit möglichst regelmäßig jemand bei ihnen war, aber hatten nie grundsätzlich Gelegenheit zum Reden. Nun konnten wir uns in Ruhe austauschen, sprachen darüber, welche Möglichkeiten es für unsere Eltern gäbe, und auch über unsere eigenen Belastungen im Alltag. Es war uns klar, dass wir die Betreuung und Pflege nicht einfach so übernehmen konnten. Dass ich dennoch an dieser Idee hing, war eine Träumerei. Vielleicht spielte hinein, dass ich die Ältere bin und schon immer das Gefühl hatte, ich wäre mehr in der Verantwortung als mein Bruder. Im gemeinsamen Gespräch merkte ich, dass das nicht stimmte. Er war zwar mein kleiner Bruder, aber mit seinen Ideen und seiner Unterstützung genauso erwachsen wie ich und kümmerte und sorgte sich mindestens genauso viel (wenn nicht noch mehr). Was mich angetrieben hatte, war nicht nur der Wunsch, für Mama da zu sein, sondern auch, die Rolle der guten Tochter perfekt auszufüllen. Das hatte nichts mit meinem Alltag und der Wirklichkeit zu tun – und das frustrierte. Diesen Antreiber zu verstehen und ihn einem Realitätscheck zu unterwerfen, war eine zähe, aber wichtige Aufgabe.

Ob du Geschwister hast, spielt in die Pflegesituation stark hinein. Musst du die Betreuung der Eltern allein stemmen? Oder teilt ihr euch die Aufgaben auf? Vielleicht habt ihr aber auch keine gute Beziehung, du wirst allein gelassen. Vielleicht sind eure Ansichten ganz unterschiedlich. Es hilft, wenn ihr euch als Geschwister austauschen könnt, darüber, wie dein Bruder oder deine Schwester die Situation einschätzen, welche Lösungen sie sehen und wie sie sich einbringen möchten und können. Weshalb das wichtig ist? Wenn du deine Eltern unterstützen willst, sollte es darum gehen, was sie wirklich brauchen.

Und was tun, wenn alte Verletzungen oder schwierige Kindheitsmuster auftauchen und mitmischen? Wenn Geschwister sich uneins sind und streiten? Autorin und Angehörigencoach Petra Wieschalla rät in ihrem Buch *Überlebenstipps für Elternkümmerer* zu einem Gespräch mit einer neutralen Person, um herauszufinden, ob es sich um alte Bedürfnisse aus der Kindheit oder geschwisterliche Revierkämpfe handelt. Wenn es eskaliere, helfe es, erst mal auf Abstand zu gehen und auf sich selbst zu fokussieren – und zu einem späteren Zeitpunkt eine erneute Annäherung zu versuchen. »Wenn Sie sich über Ihre Gefühle und Bedürfnisse im Klaren sind, gelingt es Ihnen besser, Ihren Geschwistern gelassener zu begegnen«, so Wieschalla.

Ein weiterer Grund für die Selbstreflexion: Wie wir pflegen, ob aus Freiwilligkeit oder aus Pflichtgefühl, das kommt auch bei der pflegebedürftigen Person an. Die Gedanken, die Gefühle, die Wünsche – sie schwingen in unserem Miteinander mit. Auch wenn Menschen hilfs- und pflegebedürftig sind, bleibt das Gespür für Emotionen. Selbst als meine Mama in ihrer Demenz weit fortgeschritten war und anscheinend nur in ihrer Welt lebte, fühlte sie genau, wenn wir stritten oder ich traurig wurde, sie wurde unruhig oder fing an zu weinen. Vieles hatte sich verändert, aber die Gefühle und ihre Antennen für Stimmungen waren weiterhin da.

»Menschen mit Demenz spüren [zudem] sehr gut, wenn die pflegenden Angehörigen sich nur widerwillig kümmern«, sagte mir Pflegeexpertin Anne-Katrin Schulz einmal. Der Grund dafür könne natürlich auch in einer schwierigen Vorgeschichte liegen. Besser als die Gefühle zu unterdrücken, ist es, sie anzuerkennen und für sich selbst zu ergründen, was dahintersteckt. Cornelia Kazis und Bettina Ugolini raten in *Alte Bande*: »Immer wenn eine große Aufgabe ansteht, lohnt sich die schonungslose Offenheit sich selbst gegenüber.«

Dein Warum zu kennen, hilft dir, deine Rolle und deine Grenzen zu finden, sie zu setzen und klar zu sehen, welche Aufgaben anstehen und wie du als Tochter oder Sohn helfen kannst. Werde also zu deinem eigenen Detektiv und spüre dieser Frage nach: Was ist mein Warum? Ist es der Wunsch nach Wertschätzung? Oder das Pflichtgefühl? Was treibt mich an? Oder: Was hält mich zurück? Es geht nicht darum, zu bewerten, ob deine Motive richtig oder falsch sind. Es geht darum, sie zu erkennen, damit du deine Bedürfnisse von denen deiner Eltern trennen kannst.

44. ERSTELLT SINNVOLLE TO-DO-LISTEN – UND LERNT ABZUGEBEN

»Man müsste mal ...« Kommt dir dieser Satzanfang bekannt vor? Mir begegnete er immer häufiger, wenn ich bei meinen Eltern war. »Man müsste mal wieder die Hecke schneiden«, sagte Papa. Ich sah den fast zugefrorenen Tiefkühlschrank und dachte: »Den müsste man mal wieder abtauen.« Ich blickte auf die Unmenge leerer Glasflaschen im Keller. »Die müsste man mal wegbringen.« Ich sah Mamas viel zu lange und dreckige Fingernägel. »Die müssten mal geschnitten werden.« Ihre viel zu große Hose. »Wir müssten eine neue besorgen.« In vielen Kleinigkeiten zeigte es sich, dass es daheim nicht mehr so gut funktionierte und dass meine Eltern Hilfe und Unterstützung benötigten. Bei jedem Besuch kamen mehr dieser »Man-müsste-mal« dazu. Und dann gab es noch Themen, die wir schon lange vor uns herschoben, wissend, dass wir sie endlich angehen sollten. Das Thema Pflegeheim beispielsweise. In Beratungsgesprächen hatten wir gute Tipps und Hinweise für Unterstützungs- und Hilfeleistungen sowie häusliche Umbaumaßnahmen bekommen. Welche Angebote der Tagespflege es bei meinen Eltern vor Ort wirklich gab, oder welche Anbieter die Außentreppe barrierefrei umbauen konnten, diese Recherchen mussten wir allein machen (das sind für mich Tätigkeiten, die definitiv zum Pflegen dazuzählen, aber oft nicht gesehen werden). Die Aufgaben sammelten sich über die Zeit an und wurden nicht weniger. Sie schwirrten wie ein wild gewordener Wespenschwarm in meinem Kopf herum. Mein Bruder und ich sprachen darüber, zu zweit und mit unseren Eltern, wir teilten Aufgaben und Themen auf. Per WhatsApp, auf Notizzetteln, Fotos oder übers Telefon hielten wir uns über aktuelle Erkenntnisse, Anträge, Arzttermine, Hilfsmittel auf Stand. Es sammelten sich jede Menge Informationen an, sie waren irgendwie überall und doch im richtigen Moment nicht verfügbar. Dieses Durcheinander aufzuräumen und in eine Struktur zu bringen ist eine große Hilfe.

Vielleicht nutzt du ja schon To-do-Listen. Mir helfen sie im Berufsalltag sehr, meine Aufgaben und Aufträge im Blick zu behalten und zu priorisieren. Das klingt jetzt nach viel Büroorganisation, und ja, das ist es ein wenig, aber solche Auflistungen sind auch dann eine gute Strategie, wenn es darum geht, die Eltern zu unterstützen. Möglicherweise wird diese Liste sehr, sehr lang, aber mit ihrer Hilfe vermeidet ihr, dass Informationen auf Notizzetteln unter den Werbeprospekten von Netto und Aldi oder im Familien-WhatsApp-Chat in Vergessenheit geraten. Gerade wenn nicht alle Familienmitglieder vor Ort sind, kann das schnell passieren. Deshalb mein Rat: Haltet alle Aufgaben, Themen und Fragen von allen Kanälen auf einer Liste fest. Große Aufgaben kannst du nochmals in kleinere unterteilen. Schreibe unbedingt die stillen und heimlichen Aufgaben dazu (die Rechnungen, die herumliegen; der Knopf, der angenäht werden müsste). Was notiert ist, kann nicht so leicht ignoriert werden, es sorgt für Klarheit und befreit den Kopf von diesen quälenden »Ach, ich müsste noch«-Gedanken.

Ob digital oder auf Papier, das ist im Grunde genommen egal. Macht es, wie es für euch am besten ist, Hauptsache, ihr habt einmal alle To-dos zusammen. Besprecht, wo ihr eure Liste aufbewahren wollt: bei deinen Eltern? Oder bei dir? Ihr könnt auch Kopien machen und diese verteilen, aber überlegt gut, wie ihr damit umgeht. Eine digitale Liste, sofern alle sie nutzen können, hat Vorteile, weil Aufgaben quasi in Echtzeit und sichtbar für alle bearbeitet und kommentiert werden können. Vielleicht bist du auch erstaunt über die Fülle der To-dos, die sich ansammeln. Aber genau dies ist wichtig, damit du siehst, was überhaupt ansteht. Wir setzen Pflegen oft mit Körperpflege gleich, aber sich um die Eltern zu kümmern, sie zu pflegen, das umfasst so viel mehr. Es beinhaltet Punkte wie Arzttermine regeln, Anträge bei der Pflegekasse einreichen, Kostenvoranschläge einholen, Recherchen über Finanzierungsmöglichkeiten des Betreuungsdienstes machen … Vieles davon muss nebenbei erledigt werden. Diese Aufgaben schleichen sich ins Leben hinein und werden ganz leise immer mehr, ohne dass wir dies beachten oder wertschätzen. Wenn wir ihnen Sichtbarkeit geben, wird auch greifbarer, dass Pflegen nicht einfach so nebenher zu schaffen ist und was wir leisten.

Ich weiß, dass solche Aufgabenlisten ziemlich überfordern können. Wenn du alles aufgeführt hast, kommt vermutlich eine ganze Menge zusammen. »Wie soll das nur funktionieren?«, fragst du dich vielleicht. Wenn ich an die ellenlange To-do-Liste für meine Eltern zurückdenke, erinnere ich mich, dass ich oft ein leichtes Gefühl von Panik bekam. »Wie soll ich das alles schaffen?«, fingen meine Gedanken an, sich im Kreis zu drehen. Es hilft enorm, zu priorisieren. Gibt es ein Datum, bis wann die Dinge erledigt sein sollten? Falls ja, dann ergänze dieses. Mein Tipp: Nimm dir einen farbigen Stift. Damit markierst du die drei Dinge, die am wichtigsten sind, und schreibst je nach Priorität 1, 2 und 3 dazu. So behältst du besser den Fokus und kannst nacheinander abarbeiten statt alles gleichzeitig zu erledigen (was meist eh nicht besonders gut geht).

Mindestens genauso wichtig ist, dass du diese Liste mit den anderen Familienmitgliedern teilst: sie mit deinen Eltern und Geschwistern besprichst und klärst, wer wann welche Aufgaben übernehmen kann. Dazu eignen sich auch Apps und Organisationstools.

Zusätzlich zu der einen großen Liste machte ich mir noch

mal eine Liste mit den Dingen, die ich unbedingt *erledigen* sollte, wenn ich bei meinen Eltern war – und mit den Dingen, die ich *machen* wollte. Zum einen waren es also notwendige Erledigungen (wie neue Schuhe für Mama kaufen) und Themen (noch mal über das Angebot zum betreuten Wohnen reden). Zum anderen waren es Dinge, die ich gern machen wollte: gemeinsam spazieren gehen oder am Abend im Garten grillen. Irgendwann habe ich angefangen, solche Sachen aufzuschreiben, weil sie im Trubel des Alltags daheim sonst schnell untergehen, vor allem, wenn ungeplante Erledigungen hinzukommen (schnell mal zur Apotheke gehen und das Medikament abholen).

Es war an einem Wochenende nach viel Putzen und Haushalt. Kurz bevor ich wieder fahren musste, machten wir noch einen Spaziergang über die Felder. Ich kam zur Ruhe und merkte, dass wir zum ersten Mal an diesem Wochenende wirklich Zeit miteinander verbrachten. Das Wichtigste – Zeit mit Mama zu genießen – hatte ich also fast vergessen und nahm mir vor, es künftig besser zu machen. Dass ihr Erlebnisse miteinander teilt – ob nun am See, im Café oder auf dem Balkon –, sollte definitiv auch auf deine To-do-Liste. Pflegen und füreinander sorgen, das ist ja nicht nur Stress und Probleme, sondern es hat auch das Potenzial, gemeinsam schöne Momente zu erleben und uns nahezukommen. Und das braucht vor allem eines: Zeit.

45. SCHREIBE DEINE NOT-TO-DO-LISTE – UND SCHAFFE DIR ZEIT

Eine Aufgabenliste kann dir helfen, all die To-dos für deine Eltern besser zu managen. Was dir dabei ebenfalls helfen kann, um dich in diesem Geflecht von Aufgaben nicht zu verheddern: eine Not-to-do-Liste. Diese Idee habe ich bei Produktivitätscoaches gefunden, die Demenzberaterin Eva Helms hat sie für pflegende Angehörige umgeändert und schreibt auf ihrem Blog *Die Demenzberaterin* für pflegende Töchter: »Sie brauchen eine Liste mit den Aufgaben, die Sie nicht oder nicht mehr tun werden. Eine Liste, die Ihnen ein Lächeln ins Gesicht zaubert, wenn Sie nur daran denken, und die Sie fortan immer 100-prozentig erfüllen.«

Die Not-to-do-Liste hilft dir dabei, Wichtiges von Unwichtigem zu trennen, und vor allem unterstützt sie dich dabei, besser auf dich und deine Ressourcen zu achten und dir Freiräume zu schaffen. Eva Helms meint dazu: »Wenn Sie selbst auf Ihrer eigenen To-do-Liste nicht mehr vorkommen, dann brauchen Sie eine Not-to-do-Liste.« Eine solche Liste kannst du nach verschiedenen Ansätzen führen.

Zum einen geht es um einen Check der Aufgaben: Schau dir die Punkte auf deiner To-do-Liste an und frage dich: Welche davon müssen unbedingt erledigt werden? Dinge, die nicht dringend sind oder vielleicht gar nicht notwendig, schreibst du auf die Not-to-do-Liste. Musst du dich wirklich selbst um die Aufgaben kümmern? Nur weil du das bislang vielleicht immer gemacht hast, heißt das nicht, dass du immer dafür zuständig sein musst. Du kannst die Aufgaben also verschieben oder delegieren. Du denkst, das geht nicht? Wirklich nicht? Schau genau hin, vielleicht auch mit dem Blick einer guten Freundin oder eines guten Freundes. Was würden sie dir raten? Oftmals müssen wir viel weniger selbst erledigen, als wir denken. Dringlich sind beim genauen Hinschauen auch die wenigsten Aufgaben (was wirklich wichtig ist, kannst du sicher gut für dich erkennen). Welche Aufgaben oder Aufgabenbereiche kannst du an andere übertragen? Gut geht das in der Regel mit Tätigkeiten im Haushalt oder dem Garten, aber auch Friseur und Fußpflege oder Bring- und Holdienste kannst du delegieren. Auf der Not-to-do-Liste könnte also stehen: zur Geburtstagsfeier einen Kuchen kaufen oder von der Nichte, die gern backt, einen mitbringen lassen. Oder: das Medikament vom Apotheken-Lieferdienst nach Hause bringen lassen. Oder: die Hecke vom Gärtner schneiden lasen. Oder: die Schwester bitten, die Belege bei der Pflegekasse einzureichen.

Dieses Delegieren fällt vielen Menschen schwer, aber wer pflegt, kommt ohne die Hilfe anderer kaum aus. Gut, wenn ihr damit frühzeitig anfangt und es zur Normalität macht, auch bei euren Eltern. Ein Leitgedanke für mich war immer: In welchen Bereichen ist es für meine Mama wichtig, dass ich es selbst mache – und was ist eigentlich vollkommen egal? Ob ich ihr die Haare wasche, hat eine andere Relevanz, als in der Küche den Boden zu wischen. Mein zweiter Leitgedanke: Was möchte ich machen – und worauf kann ich verzichten? Mit Mama etwas zu tun, mit ihr um den Dorfteich zu spazieren, war mir so viel wichtiger als der Haushalt. Ich wollte den Fokus auf uns, auf die Beziehung legen. Auf einer Not-to-do-Liste kannst du auch Gewohnheiten notieren, die du ändern möchtest. In diesem Sinne hilft dir eine solche Liste, dir Freiräume und Zeit für das zu schaffen, was dir am Herzen liegt. Das Badezimmer zu reinigen kam also an die oberste Stelle auf meine Not-to-do-Liste (noch immer räume ich häufig auf und mache sauber, wenn ich bei Papa bin, einfach weil er vieles nicht so gut sieht, aber regelmäßig kommt jemand, um die groben Sachen zu erledigen).

Wenn ich mir aufschreibe, was ich ändern möchte, dann bekommt das eine andere Verbindlichkeit. Schreiben hilft, Klarheit zu finden, vielleicht erst nur für dich, aber das ist der erste Schritt. Wenn du dir darüber klar bist, was du nicht mehr machen möchtest, dann fällt es einfacher, den Schritt umzusetzen. Eine Not-to-do-Liste zu erstellen lenkt den Blick auf die eigenen Ressourcen und hilft dir, deine Grenzen zu erkennen. Im nächsten Schritt heißt es dann, das zu kommunizieren, also auch deinen Eltern, deinen Geschwistern, deiner Familie mitzuteilen, ob und wie du unterstützen kannst.

Wichtig ist, und das ist der zweite entscheidende Punkt im Erstellen einer Not-to-do-Liste, dass du bei all dem Kümmern in deiner Kraft bleibst und Inseln findest, um dich aufzuladen. Es ist mir ein großes Anliegen, dass dir das Fürsorgen um deine Eltern – und auch um dich selbst! – besser gelingt als mir in manchen Phasen. In dem Nach-Corona-Jahr schritt die Krankheit meiner Mama rasch fort, gleichzeitig war ich alleinerziehend. Ich wollte so oft wie möglich zu meinen Eltern fahren, um zu helfen. Nach jedem Telefonat mit meinem Papa hatte ich ein schlechtes Gewissen, jedes Mal, wenn ich wegfuhr, dachte ich: »Ich müsste häufiger da sein.« Ich habe versucht, es umzusetzen und bin oft zu meinen Eltern gefahren. Habe dort im Homeoffice gearbeitet, wenn meine Kinder nicht bei mir waren, und wollte den elterlichen Haushalt, Mamas Pflege und meinen Beruf unter einen Hut bringen. Ohne Pause wechselte ich von einer Care-Aufgabe (bei meinen Eltern) zu der anderen (bei meinen Kindern), immer beladen mit vielen Textaufträgen, die es zu erledigen galt, von vielen Stunden im Zug oder auf der Autobahn. Ich wollte eine gute Tochter sein, aber auch eine gute Mutter und gute Journalistin, und all die Aufgaben, die damit einhergehen, perfekt ausführen. Ich wollte alles schaffen, was auf meiner To-do-Liste stand. Doch das schaffte ich nie. Auf mich achten, das hatte ich nie gelernt, und so raste ich zielstrebig in die Erschöpfung hinein. Die Not-to-do-Liste dient besonders auch der Selbstfürsorge. »Mit einer Not-to-do-Liste, die Ihren Werten entspricht, gewinnen Sie Zeit und Energie für all die Dinge in Ihrem Leben, die ebenso wichtig sind«, schreibt Eva Helms. Die eigene Gesundheit, Hobbys, Freundschaften oder einfach mal nichts tun, all das ist wichtig, um im Gleichgewicht zu bleiben und einen Ausgleich für das Kümmern und Pflegen zu schaffen. Aber auf sich selbst zu achten, das ist etwas, was oft untergeht beim Pflegen. Die Zeit ist immer zu knapp für die lange To-do-Liste, sie wird von allein nicht enden, und sie jemals abzuarbeiten ist vielleicht gar nicht möglich. Deshalb tust du dir gut, wenn du in all dem Listenschreiben auch besonders auf dich achtest und dir überlegst, wozu du Ja oder Nein sagen willst.

Geholfen haben mir viele Gespräche und eine Not-to-do-Liste, auf der ich festhielt, was ich nicht mehr machen wollte: ohne Pause arbeiten, mich abhetzen, mich aufreiben, weiter meiner Perfektion folgen. Daraus entstand eine Happy-List mit Dingen, die mir guttun: im Park joggen, ins Kino gehen, Freunde treffen. Durchatmen und mir auch mal die Sonne ins Gesicht scheinen lassen.

46. MACHT FEHLER – UND SPRECHT DARÜBER

Fehler mochte ich nie. Am liebsten hätte ich es perfekt. Ich weiß nicht, wann meine Angst vor Fehlern begonnen hat, aber sie ist schon lange da. Auch was die Begleitung und Pflege meiner Mama anging, wollte ich alles richtig machen. Nach ihrer Diagnose recherchierte ich in Ratgebern und befragte Experten und Expertinnen. Im Alltag habe ich all das, was ich in der Theorie erfahren habe, nicht immer umgesetzt. Ich wünschte, ich könnte behaupten, ich war und bin stets die liebevoll geduldige Tochter – doch so war es nicht. Ich habe Fehler gemacht und mache weiterhin welche. Sie haben allerdings ihren Schrecken verloren. Manchen bin ich sogar ein wenig dankbar.

Es war die Szene beim Abspülen, die mich tief beschämt und beschäftigt hat. Aber es gab noch andere Situationen. Ich erinnere mich, dass ich Mama korrigierte und verbesserte, wenn wir miteinander sprachen – dabei ist das doch völlig fehl am Platz bei Menschen mit Demenz. In ihrer Welt war ja alles richtig, mein Verbessern half ihr nicht, sondern gab ihr nur ein schlechtes Gefühl. Einmal begleitete ich sie zur Hausärztin, weil mein Papa einen anderen Termin hatte. Mamas Orientierungsfähigkeit und ihr Sprechen waren schon sehr eingeschränkt, aber sie war flott zu Fuß. Nach dem Termin gingen wir Hand in Hand heim, ich versuchte, sie zum Sprechen zu motivieren, und habe auf die Blumen in den Vorgärten gezeigt. Zu Hause angekommen, wollte ich einen anderen Arzttermin verlegen und telefonieren. Ich eilte in den Flur, ließ die Haustür offen. Das Telefonat dauerte nur ein paar Minuten, während derer ich Mama nicht im Blick hatte, aber es genügte, dass ich sie verlor. Sie war nicht im Haus, nicht im Garten, auch nicht auf unserer kleinen Straße. Es dauerte 20 elend lange Minuten, in denen ich die Straße auf und ab rannte, bis sie mir entgegenkam, ganz ruhig und unbeeindruckt, während ich wie ein kleines Kind nach seiner Mama geschrien und mir im Kopf Schreckensszenarien ausgemalt und mir heftige Vorwürfe gemacht hatte.

Über diese Szene zu schreiben, fällt mir nicht leicht, auch wenn sie schon Jahre her ist. Warum ich es dennoch tue? Weil ich es wichtig finde, über Fehler zu reden, und ich mich davon nicht ausnehme, welche zu machen. Menschen machen Fehler, sie gehören zum Leben dazu. Egal, wie viel wir lesen und wie gut wir uns informieren, der Alltag bringt seine eigenen Herausforderungen. Wir treffen auf Unvorhergesehenes und sind selbst nicht immer so entspannt oder überlegt, wie wir es gern wären. Wir handeln nicht immer nach Ratgebermanier, wir sind menschlich und dürfen es uns besonders in Krisensituationen gestatten, uns erst einmal zu orientieren, klarzukommen und auch zu wachsen.

Wer einen Angehörigen pflegt und betreut, macht außerdem ja vieles zum ersten Mal. Wenn ich nur daran denke, wie ungelenk ich meiner Mama anfangs die Haare wusch (und dabei das Bad beinahe komplett unter Wasser setzte) oder ich ihr die Kompressionsstrümpfe anzog, wie ich viel zu schnell das Essen anreichte, wie der Kaffee so manches Mal auf ihrem Shirt landete, wenn ich ihr die Tasse zum Mund führte. Es war so einiges, das ich falsch machte. Meine Mama entwickelte ein anderes Tempo und lebte immer mehr in ihrer eigenen Welt. Mit meinem Tempo konnte ich sie nicht erreichen, ganz im Gegenteil, ich stresste sie – und mich – damit eigentlich nur.

Einzusehen, dass ich immer wieder Fehler gemacht habe, fällt mir schwer. Aber dann wiederum: Diese Fehler haben mir geholfen, zu lernen und mich an Mamas Krankheit und die Veränderungen anzupassen. In meiner Jugend hat Mama manchmal gesagt: »Übung macht den Meister.« Wie wahr dieser Satz ist und was dahintersteckt, das habe ich erst viel später verstanden.

Als Mama so plötzlich verschwunden war während meines kurzen Telefonats, habe ich gelernt, dass ich sie besser nicht noch einmal allein lassen sollte. Damals klingelte ich auch bei der Nachbarin, die sich mir sofort anschloss und beim Suchen half. Nachdem wir Mama gefunden hatten, gingen wir gemeinsam unsere Straße entlang nach Hause. Ich schämte mich, und doch spürte ich etwas Gutes: Ich hatte gelernt, dass wir nicht allein sind, dass da auch andere liebe Menschen sind, die für Mama und uns da sind. Ich lernte um die Bedeutung von Kümmernetzwerken und einem Umfeld, das aufeinander achtgibt und sich unterstützt.

Pflegen bedeutet, dass sich Dinge verändern, dass Altvertrautes nicht mehr funktioniert und dass man Neues ausprobieren muss. Es bedeutet auch, sich selbst neu kennenzulernen, und es bringt Veränderungen in die Beziehung mit der Person. Es braucht Zeit, um sich anzupassen – von beiden Seiten. Deine Eltern müssen sich anpassen, du musst dich anpassen – wie wir das machen, ist verschieden. Es ist kein gerader Weg, der vor uns liegt, sondern darauf finden sich Stolpersteine. Es ist eine Herausforderung und auch eine Chance. Wie auf jedem holprigen Weg ist es wichtig, genau hinzuschauen. Wenn wir aufmerksam sind, sehen wir die Stolpersteine früher und können einander darauf verweisen. Wir lernen miteinander.

Füreinander sorgen, das ist ein immerwährender Lernprozess. Sosehr ich es mir gewünscht habe, aber niemand kann einem die richtige Route vorgeben, kein Arzt, keine Pflegerin, keine Therapeutin. Diese Profis (und viele weitere Menschen) können uns unterstützen, aber den Weg für dich mit deinen Eltern, den kannst nur du finden. Probiert aus – und sprecht darüber, mit deinen Eltern, mit Vertrauten, mit den Helfenden. Zum Sorgen und Kümmern gehören Fehler, und eigentlich steckt das schon im Wort selbst: Einmal durcheinandergewirbelt und das F entfernt, wird aus dem FEHLER die LEHRE. Fehler lehren uns etwas. Dazu gehört, dass wir sprechen und uns offen und ehrlich austauschen, über das, was nicht so gut geklappt hat, und über das, was gut funktioniert und uns stärker gemacht hat. Denn so können wir alle lernen, von- und miteinander.

47. SCHREIBE EINEN BRIEF AN DICH – SO WIE EINER GUTEN FREUNDIN

Im Laufe der vergangenen Jahre habe ich mir viele Sorgen um meine Mama gemacht und auch um meinen Papa. Das Begleiten und Pflegen hat mich oft an Grenzen gebracht, und ich habe Seiten an mir entdeckt, die ich so noch nicht kannte. Ich war manchmal ungeduldig, wenn meine Mama immer wieder dasselbe erzählte. Ich korrigierte sie und verbesserte, obwohl ich doch wusste, wie wichtig es ist, geduldig zu sein. Ich war gereizt, wenn Papa sich beschwerte, wie anstrengend der Papierkram mit den Abrechnungen und Anträgen sei, aber er dennoch darauf bestand, alles allein zu erledigen. »Mensch, wieso warst du denn jetzt so blöd?«, fragte ich mich bisweilen danach und schüttelte den Kopf über mich.

Die Selbstvorwürfe und Schuldgefühle kamen immer wieder, besonders wenn ich Fehler gemacht hatte oder etwas schiefgelaufen war. Fehler sind normal, ich habe das gelernt in den vergangenen Jahren, aber damit umzugehen fällt mir dennoch schwer. Wie gehst du damit um? Wie beeinflussen sie dich in deiner Rolle? Weißt du überhaupt, was deine Rolle ist? Eine Möglichkeit, auf deine Fragen Antworten zu finden, ist: dir selbst einen Brief zu schreiben. Deine Gedanken zu notieren kann dir helfen, zu reflektieren und zu verstehen, ein bisschen wie mit der To-do-Liste, aber ausführlicher und mit dem Fokus nur auf dich. So hilft das Schreiben, Erklärungen zu finden und Erlebtes und Gefühltes zu verarbeiten. Dabei kannst du in eine Distanz gehen und wie ein Vogel alles von oben betrachten.

Fragst du dich, was das nun alles mit deinen Eltern und dir zu tun hat? Nun ja, sich um einen anderen Menschen zu kümmern und ihn zu pflegen, das erfordert einerseits Wissen, aber auch ein Bewusstsein für dich und deine Bedürfnisse. Das Schreiben kann dir helfen, diese klarer zu sehen und dich emotional sicher zu fühlen. Du siehst die Situation mit anderen Augen. Du verstehst, warum dich deine Eltern vielleicht so nerven oder fordern, und du lernst, warum du so und nicht anders gehandelt hast.

Ich halte meine Erfahrungen und Gedanken regelmäßig in einem Journal fest und merke, wie wichtig das ist, um zu reflektieren und zu lernen. Briefeschreiben hat jedoch noch mal eine besondere Qualität, und das ist der Grund, warum ich dir vorschlagen möchte, einen Brief an dich zu schreiben. Briefe schreiben wir in der Regel an Menschen, die wir mögen und die uns nahestehen. Wir möchten uns mit dieser Person austauschen und ihr beistehen. Sich selber einen Brief zu schreiben hilft dir dabei, Selbstmitgefühl zu entwickeln. »Selbstmitgefühl bedeutet, dass man es sich verzeihen kann, wenn man nicht perfekt ist«, erklärte mir die Psychologin Dr. Jana Toppe von der Online-Beratung pflegen-und-leben.de in einem Interview. Ein Brief an dich selbst ist wie ein Liebesbrief, mit dem du dir Wertschätzung und Verständnis schenkst.

Dieser Brief an dein Ich hilft dir auch, deine eigene Entwicklung zu sehen und wertzuschätzen – ein weiterer ehrlicher Akt des Mitgefühls. In meinem Wunsch nach Harmonie und Perfektion fällt es mir oft schwer, mit Diskussionen, Meinungsverschiedenheiten und Kompromissen umzugehen. Wenn ich darüber schreibe, merke ich, dass die Realität nun mal anders ist als die Theorie und die scheinbar perfekten Lösungen aus Ratgebern. Dass sich das im Alltag nicht einfach so umsetzen lässt. Dass es okay ist, mal genervt zu sein, weil man einen anstrengenden Arbeitstag hatte. Dass ich nicht nur die sorgende und pflegende Tochter bin, sondern noch andere Rollen innehabe, die zu mir gehören und mich fordern.

Von mir zu lesen, dass es schon gut so ist und ich mein Bestes in der Situation gegeben habe, das gibt mir innere Ruhe. Mit einem Brief kannst du dir liebevoll Danke sagen für all die Mühen, die du auf dich nimmst. Du kannst auch einen Abschiedsbrief schreiben, wenn du dich von bestimmten Gewohnheiten oder Gedanken lösen möchtest. Ich habe mal einen Brief an mein schlechtes Gewissen geschrieben, weil ich es einfach nicht mehr haben wollte. Ein Brief gibt dir die Möglichkeit, mit dir ins Reine zu kommen und dir selbst etwas Gutes zu tun. Vielleicht hilft dir das Schreiben auch, klarer zu sehen und neue Möglichkeiten zu entdecken. Lass dich mal auf dieses Experiment ein und schreibe dir einen Brief, so wie du ihn einer lieben Freundin schreiben würdest. Das kannst du einmal machen oder immer wieder, vielleicht in einem jährlichen Rhythmus oder nach Bedarf. Mir persönlich hilft das Briefeschreiben in schweren oder turbulenten Phasen sehr, mich auf mich zu besinnen und mir selbst gut zuzusprechen.

48. SCHREIBE EINEN BRIEF AN DEINE ELTERN – UND LERNT EUCH NEU KENNEN

Das Briefeschreiben hilft dir nicht nur, dein Handeln besser zu verstehen, sondern du kannst es auch für eure Eltern-Kind-Beziehung nutzen. Schreibe einen Brief an deine Eltern. Von all den Ideen in diesem Buch ist dies vielleicht die mutigste und zugleich eine, die dich, die euch weiterbringen kann. Es ist gut, unser Warum zu kennen und die Kindheitsprägungen, denn sie beeinflussen auch unser Handeln als Erwachsene. Wenn Eltern hilfe- und pflegebedürftig werden, rücken wir oftmals wieder näher zusammen. Cornelia Kazis und Bettina Ugolini schreiben: »Die Qualität der späten Beziehung hängt wesentlich von der Qualität der früheren Beziehung ab.« Kindliche Gefühle bleiben und können das Sorgen und Kümmern schwerer machen. Wenn ihr euch darüber bewusst seid und darüber sprechen könnt, dann: Herzlichen Glückwunsch! Das freut mich für euch. Aber in vielen Familien laufen diese Dinge anders ab. Da bleiben viele Erfahrungen unbesprochen, so war es auch bei mir. Kindliche Verletzungen und Kränkungen sind meist nicht sichtbar, und doch sind sie häufig im Erwachsenenalter präsent, vor allem, wenn ihnen bislang kein Raum eingeräumt wurde. Es ist wie mit einem mit Luft gefüllten Ballon, der unter die Wasseroberfläche gedrückt wird. Er verschwindet ja nicht einfach, sondern drängt immer wieder nach oben. Ihn runterzudrücken kostet Kraft, und eines Tages, bei einer Unachtsamkeit, wird er mit Wucht an die Oberfläche schnellen. Es geht hier nicht darum, dass du die Erfahrungen gutheißt, sondern darum, sie wahrzunehmen, dich davon abzugrenzen und letztlich damit zu versöhnen. »Verletzungen wollen und müssen anerkannt und gewürdigt werden«, schreibt die Psychoanalytikerin Katharina Ley in ihrem Buch *Versöhnung mit den Eltern*. Sie beschreibt darin, wie Kindheitsmuster und -erfahrungen überdauern – und wie sie überwunden werden können. »Der Weg der Vergebung ist der Weg des Verstehens und Loslassens«, schreibt sie. Sich dieser Muster bewusst zu sein schafft Klarheit und befähigt uns, aus der kindlichen Rolle herauszutreten und selbst Verantwortung zu übernehmen. Es ist eine Aufgabe, die die meisten Menschen ein Leben lang begleitet, und therapeutische Gespräche sind eine wichtige Unterstützung dabei.

Einer der Gedanken, die ich seit vielen Jahren mit mir herumtrage, ist der, nichts gut genug zu machen. Ich weiß nicht, woher er stammt, und kann kein konkretes auslösendes Erlebnis benennen, aber oft hadere ich mit mir, weil etwas von mir Geleistetes in meinen Augen nicht gut ist. Mein kindlicher Wunsch nach elterlichem Lob sitzt tief. Nun habe ich im Laufe meines Lebens damit leben gelernt und kann in vielen Bereichen wertschätzen, was ich leiste. Die Pflege meiner Mama hat dazu geführt, dass ich wieder näher an meine Eltern gerückt bin – und das hat in bestimmten Situationen, eigentlich ganz alltäglichen Momenten im Pflegealltag, meine kindlichen Emotionen hochschnellen lassen wie den eben beschriebenen unter Wasser gedrückten Luftballon. Wenn ich Mama zum Frühstück Haferbrei gab (was für meinen Papa nicht einem »richtigen« Frühstück entsprach) und er seine Augenbrauen hochzog, fühlte ich mich sofort gekränkt und dachte, ich mache es nicht gut. Wenn meine Ideen zu Unterstützungsmöglichkeiten kein Gehör fanden, reagierte ich beleidigt, und das Einzige, was ich manchmal von mir geben konnte, war eine patzige Antwort: »Dann mach es halt selbst.« Das Kind in mir war enttäuscht.

Lebst du mit solchen Erfahrungen, mit Unausgesprochenem oder gar Geheimnissen in der Familie? Cornelia Kazis und Bettina Ugolini machen uns in *Alte Bande* Mut, sich diesen zu stellen. Sie versprechen nicht, dass Geschehenes ungeschehen werden kann, Verletzungen der Kindheit sich auflösen oder ungestillte Sehnsüchte sich erfüllen. Aber sie anzuerkennen kann dir helfen, anders damit umzugehen und dich von deinen kindlichen Mustern zu lösen. Indem du deinen Eltern einen Brief schreibst, kannst du Unausgesprochenes mit ihnen klären und deine Fragen stellen. Ihnen von deinen Kindheitserfahrungen und -gefühlen zu schreiben kann ihnen die Möglichkeit geben, zu reflektieren und von ihren Bedürfnissen und Verletzungen zu berichten. Es kann ihnen helfen, zu verstehen, warum du in manchen Situationen angespannt oder genervt reagierst.

Meine patzigen Antworten waren für meinen Papa nicht nachvollziehbar. »Warum bist du so?«, meinte er einmal. Wie sollte er ahnen, dass sein schulmeisterlicher Blick mich zurück in meine kindlichen Wünsche und Hoffnungen versetzte und meine innere Kritikerin beförderte? Die, die sich jahrelang Bestätigung wünschte und immer an den eigenen Ansprüchen verzweifelte? Deinen Eltern von dir und deinen Erfahrungen und Gefühlen zu schreiben, lädt sie zu einem Austausch ein, läutet die filiale Reife ein: die letzte Stufe der Entwicklung in unserer Rolle als Kind. Uns selbst als Individuum anzusehen und die Eltern als eigene Personen mit ihren Lebensgeschichten, Bedürfnissen und Verletzungen anzunehmen. Wir sind nicht mehr das Kind, das Hilfe bedarf und von unseren Eltern abhängig ist, sondern ein Mensch, der selbstständig ist und Hilfe geben kann. Eine »anspruchsvolle Entwicklungsaufgabe«, wie Kazis und Ugolini meinen, und es kann guttun, professionelle Unterstützung zu nutzen, wie in einem Coaching oder einer Therapie.

Vielleicht kann es auch sein, dass du deine Themen und Fragen nicht (mehr) mit deinen Eltern klären kannst, weil sie kognitiv nicht mehr dazu in der Lage sind, etwa durch eine Demenzerkrankung oder Depression oder weil sie sich damit nicht beschäftigen möchten. Vielleicht möchtest du das auch gar nicht, weil es zu sehr schmerzt und die Verletzungen tief sitzen. Und doch kann es sich lohnen, einen Brief an deine Eltern zu schreiben und dich darin mit der Beziehung zu ihnen und deinen Erfahrungen zu beschäftigen (du kannst den Brief ja für dich behalten). Deine Gedanken zu notieren hilft dir, deine kindlichen Gefühle und Erwartungen an deine Eltern zu erkennen, dich davon abzugrenzen und in dir selbst ein gewisses Maß an Ordnung zu schaffen. Die Offenheit erfordert Mut, aber sie bringt Klarheit und birgt die Chance für Verständnis und ein besseres Miteinander.

49. SUCHE DIR VORBILDER UND VERBÜNDETE – FÜR DEINE EIGENE BANDE

Fühlst du dich manchmal allein gelassen mit deinen Sorgen und dem Kümmern um deine Eltern? Ich habe mich lange sehr allein gefühlt mit der Begleitung meiner Mama, sowohl im Freundeskreis als auch im Beruf. Es fiel mir schwer, darüber zu sprechen, und wenn ich das anfangs mal tat, waren die Reaktionen aus dem Umfeld zwar nett, aber ich fühlte mich immer unverstanden. Keine meiner Freundinnen hatte damals Eltern, die Pflege benötigten. Mir fiel es schwer zu erklären, als wie fordernd ich es empfand und wie unsicher ich mich oft fühlte. Das Kümmern um die Eltern kam bei mir zu all den anderen Aufgaben dazu, zusätzlich zu meinen Kindern, Job, Haushalt (vermutlich kommt dir das bekannt vor). Ich wollte dem allen gerecht werden, aber wie, das wusste ich nicht.

Wir sind viele, denn viele erwachsene Töchter und Söhne kümmern sich um ihre Eltern – und vielen geht es wie mir: Sie fühlen sich allein. Rein zahlenmäßig klingt das ein wenig absurd. Die Statistiken gehen von offiziell fünf Millionen Menschen mit Pflegegrad in Deutschland aus, dazu kommen all jene, die zwar Unterstützung erhalten, aber noch keinen Pflegegrad haben. Die Hälfte der Menschen mit Pflegebedarf wird nur von ihren Angehörigen betreut und gepflegt. Du siehst, du bist also nicht allein.

Die Einsamkeit kommt eher daher, dass sich das Umfeld und die Aufgaben der Pflegenden ändern. Sich um einen anderen Menschen zu kümmern schleicht sich so in das Leben hinein. Das Pflegen bringt viele Aufgaben mit sich und braucht Zeit. Die fehlt an anderer Stelle. Pflegen wird zum echten Vereinbarkeitsproblem. Die meisten pflegenden Angehörigen sind berufstätig und pflegen nebenbei (und nehmen sich nicht mal als pflegende Angehörige wahr). Es ist ein Nebenjob, jedoch unbezahlt, ohne Vertrag und mit hohen emotionalen Belastungen. Es ist einer, der Kraft und Energie raubt und die anderen Aufgaben, die wir im Alltag so haben, unter Druck setzt.

Dieses Einsamkeitsgefühl kommt daher, dass wir kaum darüber sprechen, was Kümmern und Sorgen für die eigenen Eltern bedeutet. Vereinbarkeit von Beruf und Familie ist in den vergangenen Jahren immer mehr zum Thema geworden, und es gibt etliche Ansätze, um Familien besser zu unterstützen. Aber fast immer ist das Care-Thema mit Kindern verbunden. Das Pflegen älterer Familienmitglieder hat noch lange nicht den gleichen Stellenwert. Im Alltag ist es für die Pflegenden jedoch eine große Herausforderung: zeitlich, räumlich, finanziell, emotional.

Unter Pflegen verstehen wir gemeinhin all das, was zum Bereich Körperpflege zählt: Duschen, Haarewaschen, Anziehen. Aber es gibt so viele weitere Aufgaben: Sie reichen vom Haushalt über die Vereinbarung und Erledigung von Arztterminen bis hin zu bürokratischen Kommunikationen mit der Pflegeversicherung. Es braucht Zeit, um Mutter und Vater zu begleiten: Zeit für die Eltern, aber auch Zeit für diejenigen, die sich kümmern, damit sie ausreichend Energie für all die Aufgaben haben.

Was mir geholfen hat: Mich mit Menschen zu verbinden, die in einer ähnlichen Situation sind oder schon mal waren. Die findest du an verschiedenen Stellen, etwa Selbsthilfe- oder Angehörigengruppen. Ich scheute mich lange davor, weil ich Angst hatte, ich müsste all meine Gefühle vor allen offenbaren. Als ich mich schließlich bei einer Angehörigenschulung der Alzheimer Gesellschaft anmeldete (vor allem wegen vieler Fragen zur Pflegeversicherung), war ich unsicher, ob ich dazu überhaupt ein Recht hätte, da ich doch nicht diejenige bin, die täglich bei meiner Mama war. War das überhaupt Pflegen? Oder nicht mal Kümmern? Aber die Leiterin lud mich ein. Mich hat das viel Mut gekostet, mich als Pflegende zu bezeichnen und von meinen Herausforderungen zu erzählen, aber es hat sich gelohnt. Denn ich habe zum einen viele hilfreiche Informationen bekommen, und andererseits traf ich zum ersten Mal auf Menschen, die in einer ähnlichen Situation wie ich waren. Die mich grundlegend verstanden, ohne dass ich mich langwierig erklären musste. Das war so etwas wie der Beginn meines neuen Umgangs mit dem Pflegen. Ich suchte nach Vorbildern und fand Verbündete – und das hat mir geholfen. Ich spürte, dass ich nicht allein bin. Letztlich geht es uns ja immer darum, gesehen und gehört zu werden. Wahrgenommen zu werden und Wertschätzung zu erhalten.

Verbündete fand ich auch im Beruf, und zwar in Kolleginnen, die sich ebenfalls um ihre Mütter kümmerten. Für mich sind andere Angehörige Vorbilder und Komplizen gleichsam, denn Erfahrungen und Herausforderungen zu teilen gibt auch Ideen für Lösungsmöglichkeiten. Und fast noch wichtiger: Das Verständnis füreinander und der Trost, den man einander gibt, der so wichtig ist.

Begib dich auf die Suche nach deinen Verbündeten. Es braucht ein Netzwerk für die Person, die gepflegt wird, aber auch die Pflegenden tun gut daran, ein Netzwerk zu haben. »Aus dem Ich wird ein Wir«, diesen Satz sagte mir Désirée von Bohlen und Halbach, die Gründerin des Vereins Desideria Care, in einem Podcastgespräch. Ja, es stimmt! Zu wissen, dass man nicht allein ist, gibt Kraft und macht Mut. Als meine Mama starb, habe ich mich so haltlos und ohnmächtig gefühlt. Am meisten geholfen haben mir Menschen, die mich in meinen Gefühlen annahmen und mir zeigten, dass es okay ist, mich so zu fühlen. Der erste Schritt, um aus dieser Einsamkeit zu kommen, ist, sich zu zeigen und sich zu öffnen. Trage dazu bei, dass das Sorgen sichtbar wird, und trage zu der Wertschätzung bei. Der Anfang ist gemacht, wenn wir einander zuhören und uns verbinden.

50. SETZ DICH ANS FENSTER – UND SCHENKE DIR ZEIT UND RUHE

Die eigenen Eltern im Alter zu begleiten ist emotional anstrengend. Es ist eine Zeit der Veränderungen und Verluste. Nichts wird mehr, wie es mal war. Wir als Kinder müssen loslassen und uns verabschieden. Gleichzeitig heißt es, neue Verantwortung zu schultern. Für meine Mama und meinen Papa große Entscheidungen zu übernehmen, wie den Einzug ins Pflegeheim, hat mich endgültig erwachsen werden lassen. All das Sorgen und Kümmern, das kann nicht so nebenbei funktionieren, sondern ist emotionale Arbeit.

Deshalb ist es wichtig, dass du auf diesem Weg der Begleitung deiner Eltern gut auf dich achtest. Dass du für einen emotionalen Ausgleich in stressigen Momenten sorgst, dass du Fähigkeiten erwirbst, die dir helfen. Selbstfürsorge ist zum Modewort geworden, scheint wie ein Trend, etwas, das »nice to have« ist. Aber das ist es nicht. Selbstfürsorge ist die Basis.

Du kannst nur gut für andere Menschen da sein, wenn es dir gut geht – vielleicht hast du diesen Ratschlag schon gehört, vielleicht hängt er dir auch zum Hals heraus. Mich hat er immer extrem genervt. Wenn ich den gut gemeinten Ratschlag bekam, ich solle auch mal auf mich achten und mir eine Pause nehmen, konnte ich nur den Kopf schütteln oder antwortete genervt: »Keine Zeit!« Ja, ich hatte keine Zeit. Kennst du das? Wie in einem Hamsterrad erledigte ich so viel und fühlte mich dennoch unzureichend. Denn das Ding ist: Es wird nie genug sein. Meine Mama verlernte immer mehr Fähigkeiten, sie verlor sich immer mehr in ihrer Welt, egal wie sehr ich mich bemühte und mich kümmerte. »Du kannst deine Mama nicht retten«, sagte mir Anja einmal. Das einzusehen tat weh, aber es half, meine Rolle und meine Grenze zu erkennen. Ich kann viel tun, damit es meiner Mama gut geht, aber das klappt nur, wenn ich selbst Energie habe. Ich verstand, dass die Zeit für mich nicht irgendwoher kommen würde, sondern dass ich sie mir nehmen muss.

Immer alles geben kann nicht funktionieren. Wir können lange durchhalten in dem Hamsterrad, oftmals viel länger als vermutet, aber irgendwann werden wir erschöpft zusammenbrechen. Wenn wir rechtzeitig Pausen einlegen, dann schöpfen wir Kraft und können weitermachen.

Innezuhalten und sich nur um sich selbst zu kümmern ist eine wichtige Selbstfürsorge-Strategie. Nimm dir regelmäßige Auszeiten. Das kann ein Urlaub allein sein oder ein Abend mit Freunden. Selbst wenn es nur kurz ist, mach die Pause. Schon ein kleiner Break zwischendurch kann viel bewirken. Sich auf den Balkon oder ans Fenster zu setzen und in den Himmel zu schauen ist zum Beispiel ziemlich effektiv, denn dieser Fokus beruhigt dich. Wenn du gezielt den Lauf der Wolken beobachtest, atmest du ruhiger und kommst so in eine innere Ruhe. Was mir Anja einmal geraten hat: die Sorgen auf Wolken zu setzen und zu beobachten, wie sie davonziehen. Sicher, die Sorgen fliegen nicht einfach so weg, aber für den Moment spürst du Leichtigkeit und Kraft – und kannst wieder deinen Alltag angehen.

Mir hilft es, mich ans Fenster zu setzen oder auf den Balkon und in den Himmel zu schauen. Aber auch joggen, einen Film anschauen oder einen Roman lesen tut mir gut. Kennst du deine Strategien, die dir durch schwere Phasen helfen? Ich habe sie im Laufe der Jahre erlernt. Das Pflegen meiner Mama war in diesem Sinne ein Lernprozess. Dich um deine Eltern zu kümmern bringt dir auch viel über dich bei – und gibt dir die Chance zu lernen. Nein, keine Sorge, ich möchte nichts verklären, aber dir zeigen, dass da noch etwas anderes ist. Und dass du dich jederzeit ans Fenster setzen und den Wolken beim Vorbeifliegen zusehen kannst.

KEIN ENDE, SONDERN EIN APPELL: ES GEHT NICHT ALLEIN, NUR GEMEINSAM

Auf den vergangenen Seiten habe ich dir 50 Ideen mitgegeben, die dir die Begleitung und Pflege deiner Eltern leichter machen können, die euch dabei unterstützen können, ins Reden, Planen und Handeln zu kommen. Möglicherweise setzt du die ein oder andere Anregung sofort um, möglicherweise braucht manches auch ein wenig mehr Zeit.

Vielleicht bist du aber auch skeptisch und denkst: »Wie bitte soll das alles funktionieren? Wie kann ich mich um meine Eltern kümmern, neben all den anderen Aufgaben im Alltag? Wie schaffe ich es, meine Mutter oder meinen Vater zu unterstützen, obwohl ich nicht in der Nähe lebe?« All diese Gedanken kann ich sehr gut nachvollziehen. Wir können als Kinder viel tun für unsere Eltern, aber wir können die Herausforderung Pflege kaum allein meistern, das habe ich in den vergangenen Jahren gelernt – und das liegt nicht daran, dass wir als einzelne Personen nicht dazu in der Lage sind, sondern dass dieses Pflegen eine so große Aufgabe ist, dass sie sich nicht einfach nebenbei erledigen lässt.

Doch genau das ist Realität in Deutschland. Vier von fünf Pflegebedürftigen werden zu Hause betreut und gepflegt, ein Großteil nur von den Angehörigen. Verschiedene Studien zeigen, wie sich das Kümmern auf die körperliche und seelische Gesundheit von Angehörigen auswirkt: Sie leiden häufiger an Schlafstörungen, Rückenschmerzen, Depression, Erschöpfung und anderen Krankheiten. Sieben von zehn pflegenden Angehörigen fühlen sich stark bis sehr stark belastet. Besonders häufig werden die hohe emotionale Belastung sowie die Einschränkungen des Soziallebens und der Freizeitgestaltung erwähnt. Wer pflegt, hat weniger soziale Kontakte. Einsamkeit ist ein großes Thema. Dazu kommt die finanzielle Bürde, die Pflegende tragen. Traurig, aber wahr: Wer Fürsorgearbeit für einen Angehörigen übernimmt, macht sich auf den besten Weg in die Altersarmut. Und das sind vor allem Frauen. Sie sind mit 70 Prozent die Hauptverantwortlichen, wenn jemand in der Familie Pflege benötigt. Sie leisten im Schnitt 21 Stunden Sorgearbeit, unbezahlt und oft zusätzlich zum Job. Doch auf Dauer gelingt die Vereinbarkeit nicht. Mit steigendem Fürsorgebedarf reduzieren die Pflegenden ihre Berufstätigkeit oder hören ganz auf.

Pflegen ist etwas, das in den Familien stattfindet, aber wir dürfen Pflege nicht länger als Familiensache behandeln. Es ist ein Thema, das in die Mitte der Gesellschaft gehört und auf jede politische Agenda.

»Der Pflegenotstand ist gerade im Begriff, zur Pflegekatastrophe zu werden«, schreiben Prof. Dr. Reimer Gronemeyer und Dr. Oliver Schultz in ihrem Buch *Die Rettung der Pflege*. Gronemeyer beschäftigt sich seit mehr als 30 Jahren mit der Situation der Pflege und forscht zu Themen des Alterns. Er mahnt, dass es nicht noch mehr Reformen benötige, sondern einen »radikalen Neuanfang«. Tatsächlich gab es in den vergangenen Jahren immer wieder Reformen. Mit dem letzten Pflegeunterstützungs- und Entlastungsgesetz erhalten Pflegebedürftige zwar höhere Leistungen, ein wenig mehr Flexibilität bei bestimmten Unterstützungsleistungen (etwa der Kurzzeitpflege) und werden bei langen Aufenthalten im Pflegeheim entlastet, aber am Grundproblem ändert sich wenig. Und in den kommenden Jahren wird das Pflegen für immer mehr Menschen zum Thema – und zum Problem – werden. 2055 werden 6,8 Millionen

Menschen in Deutschland pflegebedürftig sein, voraussichtlich werden dann zwischen 280 000 und 690 000 Pflegekräfte fehlen. Auch in Österreich und der Schweiz steigen die Zahlen der Pflegebedürftigen, die Situation ist ähnlich wie hierzulande. Der aktuelle Pflegereport der DAK machte die Prognosen noch einmal deutlich: Diese Entwicklung wird auch zu zunehmenden Kosten in der Langzeitpflege führen, die Pflegebedürftige und deren Familien belasten. Zudem: Immer mehr Pflegekräfte scheiden altersbedingt aus dem Beruf aus. Es ist vom »personellen Kipppunkt der Pflege« die Rede und von »Unterversorgung in der Versorgung älterer Menschen«. Die Aufgaben fallen dann umso mehr auf die Angehörigen zurück.

Damit Menschen ihre Angehörigen gut begleiten und pflegen können, benötigen sie jedoch Unterstützung. Wir brauchen neue Konzepte und Gesetze, die es Pflegenden erleichtern, ihre Verantwortung zu tragen, ohne dabei selbst auf der Strecke zu bleiben. Es ist an der Zeit, dass pflegende und sorgende Angehörige mehr Unterstützung erhalten – politisch, finanziell, gesellschaftlich.

In den vergangenen Jahren wurden immer wieder verschiedene Vorschläge erarbeitet für Veränderungen. An dieser Stelle möchte ich drei Forderungen herausgreifen, die ich für besonders hilfreich erachte:

1. Lohnersatzleistung: Der Verein wir pflegen fordert eine Lohnersatzleistung für Angehörige, die pflegen. Ähnlich wie das Elterngeld würde sie Angehörigen während der Phase gezahlt, in der sie die Sorgearbeit übernehmen und ihre Berufstätigkeit reduzieren (bis maximal 36 Monate). Dies soll der Altersarmut von Pflegenden entgegenwirken. Bislang gibt es die Möglichkeit, eine Familienpflegezeit und Pflegezeit zu nutzen. Betroffene können während

dieser Zeit ein Darlehen erhalten. Dies muss allerdings zurückgezahlt werden. Wie aber soll das funktionieren, wenn man mehrere Jahre aus dem Beruf aussteigt?

2. Tages- und Nachtpflege: Jeder Mensch ab Pflegegrad 2 kann die Tages- und Nachtpflege nutzen und hat dazu ein bestimmtes Budget der Pflegeversicherung zur Verfügung. Diese Maßnahme soll die Vereinbarkeit von Beruf und Pflege stärken und Angehörige unterstützen. Fakt ist jedoch: Es mangelt an Plätzen. Der Verein wir pflegen weist darauf hin, dass den 4,2 Millionen Pflegebedürftigen 96 500 Tagespflegeplätze zur Verfügung standen (2021). Sie fordern einen Rechtsanspruch auf einen Tagespflegeplatz. Nachtpflegeplätze gibt es fast keine in Deutschland. In einer Stadt wie München mit 1,4 Millionen Einwohnern gibt es gerade mal einen Anbieter, in ganz Berlin mit 3,6 Millionen nur vier (Stand April 2024). Es benötigt einen massiven Ausbau in diesem Bereich.
3. Unabhängige, zugehende Beratung: Es gibt eine Vielzahl an Unterstützungsangeboten. Die Pflegekassen müssen darüber informieren, welche Leistungen sie anbieten. Aber was sich hinter den Leistungen verbirgt, wann sie genutzt werden können, wie hoch die Leistung ist, mit welchen zusätzlichen Kosten sie einhergehen und wer sie anbietet, ist Pflegebedürftigen und pflegenden Angehörigen oft unklar. Die Folge: Viele Leistungen werden nicht genutzt. Die Studie des Sozialverbands VdK hat gezeigt, dass Beratung einen Unterschied macht. Wer Beratung in Anspruch nimmt, nutzt häufiger Unterstützungsangebote und findet Entlastung. Der Wunsch nach Hausbesuchen ist groß. Es braucht unabhängige Beratung, die auf die Menschen zukommt, sie in ihrer jeweiligen Phase abholt und über die Zeit der Pflege begleitet.

Politische Maßnahmen sind wichtig. Sie allein genügen jedoch nicht. Sozialexperte Gronemeyer schreibt: »Erst einmal ist die Rettung der Pflege darauf angewiesen, andere Vorstellungen von Pflege und Gesellschaft zu entwickeln.« Es komme darauf an, ›Caring Communities‹ zu schaffen, dass sich professionell Pflegende und Angehörige auf Augenhöhe austauschen und unterstützen – und so ein breites Netzwerk aus Helfenden um die pflegebedürftige Person entsteht.

Es braucht einen größeren Fokus auf die Pflege und den Mut, neue Wege zu gehen. Nicht nur in der Politik, auch in Firmen muss Pflege zum Thema werden. Vereinbarkeitsmaßnahmen sind bislang vor allem an Familien gerichtet. Nur jedes fünfte Unternehmen gab in einer Umfrage an, dass es spezifische Maßnahmen für Pflegepersonen wichtig findet. Was für ein Irrtum! Denn ein Elternteil zu pflegen, das ist keine Elternzeit 2.0 – es fehlt an Angeboten zur Betreuung von Pflegebedürftigen, und anders als eine Elternzeit lässt sich das Pflegen nur schlecht planen. Dazu kommt die enorme emotionale Belastung, die Pflegende häufig mit sich selbst ausmachen. Sich um einen Menschen zu kümmern, der dem Tod entgegengeht, braucht immens viel Kraft und Energie. Das habe ich selbst in den letzten Jahren schmerzlich gespürt: Mich um meine Töchter zu kümmern und berufstätig zu sein ist fordernd. Aber es bringt doch auch Leichtigkeit und Hoffnung. Ich weiß, sie werden größer und selbstständiger. Mich um meine Mama zu kümmern, ging nie mit dieser Hoffnung einher. Wir hatten viele schöne Momente, und doch schwang jahrelange Traurigkeit und Sorge mit. Wer pflegt, nimmt oft Abschied – und das belastet emotional.

Ich bin überzeugt davon: Pflegen geht uns alle an. Ich wünsche mir eine größere Offenheit für das Thema Pflege –und zwar von jedem von uns. Zu lange wurde Pflege im Verborgenen geleistet. Es täte uns gut, dieses Tabu zu brechen und offen über die Herausforderungen und Bedürfnisse beim Pflegen zu sprechen. Ich wünsche mir einen Austausch, möchte wissen, wie es anderen Pflegenden geht und was ihnen hilft und sie stärkt.

Dabei kommt es auf jeden von uns an. Wer sich für die Pflege des Partners oder der Eltern aufopfert, wird gerne als Held oder Heldin bezeichnet. Tagtäglich ackern, über die eigenen Kräfte hinaus und keine Zeit, um aufzumucken – und der Dank dann Applaus und überschwängliches Lob. Aber das genügt nicht. Wir können das Pflegen nicht wenigen überlassen und sie damit alleinlassen. Pflegen ist eine Phase des Lebens, die oft nun mal dazugehört, wenn Eltern älter werden und krank werden. Sollten wir das nicht gemeinsam besser hinbekommen? Können wir nicht gemeinsam daran arbeiten, dass die einen gut gepflegt werden und die anderen gut pflegen können?

Wir alle können dazu beitragen, dass Menschen ein gutes Leben leben können, wenn sie alt sind und vielleicht Pflege benötigen. Um sie und Pflegende zu unterstützen, braucht es nicht immer die großen Aktivitäten, sondern oft genügt ein wenig Zeit und eine kleine Hilfe.

Genau deshalb finde ich die Idee der Caring Society so richtig und wichtig. Denn eine Gemeinschaft, die miteinander füreinander da ist, entsteht durch das gemeinsame Tun. Und äußert sich in Tipps und Tricks, wie wir Situationen, die wir vielleicht bislang nur auf die eine Weise lösten, mit einem kleinen Handgriff leichter werden lassen können – wie als ich von einer guten Bekannten den Hinweis bekam, meiner Mutter ihr Glas einfach hinzuschieben, damit sie es selbst greifen konnte, statt es ihr an den Mund zu führen, was oft buchstäblich danebenging.

Ich bin überzeugt, dass es auf jeden Einzelnen ankommt,

um eine Veränderung anzustoßen. Einen ersten Schritt kannst du tun, wenn du über das Pflegen zu sprechen beginnst und dich vernetzt. Es ist an der Zeit, dass wir besser aufeinander schauen und achtsamer miteinander umgehen, in der Familie und in der Gesellschaft. Pflegen ist eine Familiensache – und sie geht uns alle an.

DANKSAGUNG

Als ich im vergangenen Jahr anfing, an diesem Buch zu arbeiten, war alles noch anders. Mama war da, und ich schrieb auf meinem Blog und sprach im Podcast darüber, was ich mit ihr erlebte. Am 11. Januar 2024 schlief sie für immer ein, ganz friedlich. Für mich war das unfassbar – und ist es bis heute. Ich habe nie daran gezweifelt, dass ich dieses Buch weiterschreiben möchte, aber es hat mich extrem viel Kraft und viele Tränen gekostet, dies zu tun. Was mir immer geholfen hat: der Gedanke an Mama und zu wissen, dass es anderen Menschen helfen kann, wenn ich von unseren Erfahrungen berichte.

Ich danke all den lieben Menschen an meiner Seite, dass ihr mich in den vergangenen Monaten bei der Entstehung des Buches begleitet habt. Danke fürs Zuhören, fürs In-den-Arm-Nehmen und fürs Mutmachen, fürs Tränentrocknen und fürs Miteinanderlachen, für endlose Videocalls und Telefonate. Danke, Claudia, dass du immer an mich glaubst! Danke, Anja, für unsere Gespräche! Danke, Mareen, dass du jederzeit für mich da bist! Danke, Anne, dass du in der schwersten Stunde bei mir warst! Danke, Anne, für unsere Freundschaft! Danke, Franz, dass du mir geholfen hast, meine Stärke zu sehen, als ich sie nicht mehr gesehen habe! Alles wird gut.

Ich danke meiner Familie, meinem Papa und meiner Mama, die mich immer unterstützt haben – und das auch weiterhin tun. Danke, Papa, dass du mir dein Vertrauen schenkst! Liebste Mama, mir fehlen noch immer die Worte, um auszudrücken, wie sehr du mir fehlst. Du warst mir die beste Mutter! Danke an meine Töchter Elin, Ida und Matilda, für eure Geduld und für euer Feingefühl. Ihr habt mir in den vergangenen Monaten so oft geholfen, vor allem mit Nähe und Lachen. Danke an meinen Bruder Kai und an Katrin, für unsere Teamarbeit und für eure Unterstützung!

Bedanken möchte ich mich auch bei meiner Agentin Imke Rösing sowie Anna Riedel und dem tollen Team von hanserblau, die sich von Anfang an für mein Buch eingesetzt und mir so viel wertschätzendes Feedback gegeben haben. Ein ganz besonderer Dank geht an meine wunderbare Lektorin Doreen Fröhlich. Doreen, ich danke dir für dein aufmerksames Lesen, deine wertvollen Anregungen und deine feinen Antennen. Ich habe den ehrlichen und offenen Austausch mit dir immer genossen, über das Buch und das Leben. Es sind so einige Tränen geflossen, aber es sind gewiss Tränen der Liebe. Ich danke dir von Herzen!

Danke sagen möchte ich auch all den Menschen, die seit Jahren meine Texte lesen, ob nun auf meinem Blog oder in Zeitschriftenartikeln oder Büchern, die Anja und mir im Podcast zuhören und die bei Vorträgen und Lesungen von ihren Erfahrungen mit ihren Müttern, Vätern oder Großeltern und dem Pflegen berichtet haben. Danke für die Offenheit und den ehrlichen Austausch und die vielen guten Anregungen! Wenn aus dem Ich ein Wir wird, dann gibt das Kraft. Danke dafür!

ANHANG

WEITERE INFORMATIONEN UND ANLAUFSTELLEN ZUM PFLEGEN

PFLEGESTÜTZPUNKTE UND PFLEGEBERATUNG

In Deutschland gibt es verschiedene Beratungsstellen, die kostenfrei beraten und unterstützen: Pflegestützpunkte, Wohlfahrtsverbände, kommunale Angebote, Pflegekassen und freie Pflegeberater. In der Datenbank des Zentrums für Qualität in der Pflege sind die Angebote aufgelistet. Sie beraten umfassend über Unterstützungs- und Entlastungsangebote, wohnumfeldverbessernde Maßnahmen sowie präventiv angelegte Kurse und Schulungen.
www.zqp.de/beratung-pflege

PFLEGEANGEBOTE

Der Pflegelotse ist ein unabhängiges und kostenloses Informationsportal des Verbands der Ersatzkassen. Dort lassen sich bundesweit verschiedene Pflegeangebote suchen sowie erste Informationen (Kosten, Besonderheiten, Anschriften) erhalten: Pflegeheime, ambulante Pflegedienste, häusliche Betreuungsdienste, Angebote zur Unterstützung im Alltag.
www.pflegelotse.de

PFLEGETELEFON

Das Pflegetelefon des Bundesfamilienministeriums bietet Beratung und Information, wenn ein Angehöriger pflegebedürftig wird. Es berät zur Organisation der Pflege, zu Unterstützungsmöglichkeiten und zu Pflegeeinrichtungen vor Ort.
www.wege-zur-pflege.de

Telefon: 030–20 17 91 31 (montags bis donnerstags zwischen 9 und 16 Uhr)

DEMENZ

Für Menschen mit Demenz und deren Angehörige ist die Deutsche Alzheimer Gesellschaft ev. Selbsthilfe Demenz der erste Ansprechpartner. Dort findet man Informationen zu den verschiedenen Demenzerkrankungen, Therapien und Hilfeleistungen, außerdem sind alle regionalen Ansprechpartner, Angebote und Veranstaltungen sowie ein bundesweites Beratungsangebot gelistet.
www.deutsche-alzheimer.de
Alzheimer-Telefon: 030–259 37 95 14 (montags bis donnerstags 9 bis 18 Uhr, freitags 9 bis 15 Uhr)

WEITERE ANLAUFSTELLEN UND BERATUNGSSTELLEN FÜR PFLEGENDE ANGEHÖRIGE

PFLEGEN UND LEBEN

Das gemeinnützige Zentrum Überleben bietet eine psychologische Online-Beratung für pflegende Angehörige. Die Beratung ist kostenlos und erfolgt per E-Mail oder Videogespräch. Auf den Seiten finden sich viele hilfreiche Informationen zu typischen Herausforderungen für Angehörige sowie Tipps für Selbstfürsorge und angeleitete Atem- und Entspannungsübungen.
www.pflegen-und-leben.de

FÜR ANGEHÖRIGE VON MENSCHEN MIT DEMENZ

Der Verein Desideria bietet Angehörigen von Menschen mit Demenz viele Möglichkeiten für Begleitung, Vernetzung und Austausch: Angehörigenschulungen, Angehörigengruppen, Coachings, Angehörigentreffen. Mit der Online-Demenzsprechstunde »Frag nach Demenz« bieten sie eine kostenfreie Mail- und Chatberatung rund um die Uhr.
www.desideria.org

WEITERE INFORMATIONEN ZUR GESUNDHEITSVORSORGE UND MEDIKATION

VORSORGE-TERMINE

Auf der Seite der Kassenärztlichen Vereinigung sind die Früherkennungsuntersuchungen aufgelistet, die gesetzlich Versicherte nutzen können. Du findest auch einen Überblick zu empfohlenen Impfungen, den Disease Management Programmen (DMP) und ein Muster zum Medikationsplan.
https://www.kbv.de/html/gesundheitsvorsorge.php
https://www.kbv.de/html/medikationsplan.php
https://www.kbv.de/html/dmp.php

WEITERE INFORMATIONEN UND ANLAUFSTELLEN ZUM AUTOFAHREN

SELBSTTEST UND INFORMATIONEN

Auf seiner Online-Seite bietet der Deutsche Verkehrssicherheitsrat (DVR) einen Test, mit dem Menschen ihre Fitness am Steuer testen können: mit Seh- und Hörtest sowie Check des Gedächtnisses und der Konzentration. Das Ergebnis ist nicht verbindlich, sondern bietet eine Empfehlung. Der DVR bietet deutschlandweit auch kostenfreie »sicher mobil«-Veranstaltungen an.
https://www.dvr.de/themen/aeltere-menschen/online-test
https://www.dvr.de/praevention/programme/sicher-mobil

FAHRSICHERHEITSTRAINING

Es gibt spezielle Fahrsicherheitstraining für ältere Menschen. Anlaufstellen sind die Verkehrswacht und Automobilclubs wie der ADAC.
https://www.verkehrswacht.de/fahrsicherheitstraining/
https://www.fahrtraining.de/pkw/senioren-training/

WEITERE INFORMATIONEN UND ANLAUFSTELLEN ZUM WOHNEN

BARRIEREFREI LEBEN

Der Verein Barrierefrei leben bietet auf seiner Website Informationen und Anregungen für den Umbau und die Verbesserung der Wohngestaltung für Menschen mit Pflegebedarf und Behinderungen. Sie stellen Hilfsmittel vor und listen deutschlandweit Wohnungsberatungsstellen sowie Handwerkerbetriebe.
www.online-wohn-beratung.de

WOHNUNGSANPASSUNG

Die Bundesarbeitsgemeinschaft Wohnungsanpassung bietet auf der Website Informationen zu Wohnungsanpassung, hilfreicher Technik und Finanzierung. In einer Datenbank lassen sich auch regionale Ansprechpartner und Wohnungsberatungsstellen finden.
www.wohnungsanpassung-bag.de

TECHNISCHE HILFEN

WIQQI ist ein ehrenamtliches und allparteiliches Projekt, an dem sich jeder beteiligen kann, um technische Lösungen im Pflegealltag vorzustellen. Pflegende berichten von ihren Erfahrungen mit technischen Hilfsmitteln.
www.wiqqi.de

HILFSMITTEL ZUR PFLEGE

Das Verzeichnis listet alle Hilfsmittel und Pflegehilfsmittel, die die gesetzlichen Krankenversicherungen bezahlen können. Auf dem Portal findest du Informationen zu den Hilfsmitteln, und es gibt einen Hilfsmittelfinder. REHADAT ist ein Projekt des Instituts der deutschen Wirtschaft Köln e.V.
www.rehadat-gkv.de
https://www.rehadat-hilfsmittel.de

ZUSCHUSS UND KREDITE ZUM UMBAU

Die Kreditanstalt für Wiederaufbau (KfW) bietet Beratung und einen Zuschuss für den Abbau von Barrieren, auch ohne Pflegegrad. Der Zuschuss beträgt zehn Prozent der Kosten, bis maximal 6250 Euro. Für altersgerechtes Umbauen kann bei der KfW ein Förderkredit beantragt werden.
https://www.kfw.de/inlandsfoerderung/Privatpersonen/Bestehende-Immobilie/Barrierereduzierung

WEITERE INFORMATIONEN UND ANLAUFSTELLEN FÜR VOLLMACHTEN

VORSORGEVOLLMACHT UND BETREUUNGSVERFÜGUNG

Das Bundesjustizministerium bietet auf seiner Website hilfreiche Formulare zur Vorsorgevollmacht, Betreuungsverfügung, Kontovollmacht (in verschiedenen Sprachen). Du kannst sie hier kostenlos herunterladen:
https://www.bmj.de/DE/service/formulare/form_vorsorgevollmacht/form_vorsorgevollmacht_node.html

VORSORGEREGISTER

Das zentrale Vorsorgeregister der Bundesnotarkammer registriert jegliche Vollmachten (Patientenverfügung, Vorsorgevollmacht, Betreuungsverfügung) gegen eine geringe Gebühr. Die Vollmachten sind dort allerdings nicht direkt hinterlegt, sondern in erster Linie die Informationen, wem die Vollmacht erteilt wurde.
www.vorsorgeregister.de

PATIENTENVERFÜGUNG

Auf dem Online-Portal der Verbraucherzentrale kannst du kostenlos eine Patientenverfügung erstellen. Anhand von verschiedenen Fragen und Situationen wirst du durch die Seiten geleitet und bekommst ein Dokument, das du noch ausdrucken und unterschreiben musst, damit es rechtsgültig ist.
https://www.verbraucherzentrale.de/patientenverfuegung-online

Im Online-Portal des Bundesjustizministeriums findest du Informationen zur Patientenverfügung sowie Textbausteine. Dort gibt es auch eine umfangreiche Broschüre zum Herunterladen oder Bestellen.
https://www.bmj.de/SharedDocs/Publikationen/DE/Broschueren/Patientenverfuegung.html

Bei der Deutschen Stiftung Patientenschutz kannst du dich zu Vorsorgevollmacht, Betreuungsverfügung und Patientenverfügung informieren und dir bei der Erstellung helfen lassen. Dort kannst du auch prüfen lassen, ob bereits erstellte Dokumente korrekt und rechtsgültig sind.
www.stiftung-patientenschutz.de

Der Verein Advance Care Planning Deutschland bietet Infos, Beratungen und Schulungen sowie die Möglichkeit, Behandlungen im Voraus zu planen und erweiterte Patientenverfügungen erstellen zu lassen.
www.advancecareplanning.de

PFLEGEVERFÜGUNG

Der BIVA-Pflegeschutzbund ist eine bundesweite Interessenvertretung für alte und pflegebetroffene Menschen. Sie bietet Informationen zur häuslichen und stationären Pflege sowie eine Pflegeverfügung zum Herunterladen und Ausfüllen. In dieser lässt sich umfassend festhalten, wie man versorgt werden möchte (zum Beispiel Wohnform, Unterbringungsart, Pflegeleistungen).
www.biva.de
https://www.biva.de/dokumente/broschueren/BIVA-Pflegeverfuegung.pdf

ADRESSEN UND ANLAUFSTELLEN IN ÖSTERREICH

PFLEGE UND BETREUUNG

Die Interessengemeinschaft pflegender Angehöriger bietet viele nützlichen Informationen, unter anderem zu Finanziellem, Rechtlichem, sozialen Diensten, Selbsthilfegruppen, Pflegeheimen und Einrichtungen. Du findest dort auch eine Übersicht über Veranstaltungen und Termine für Angehörige.
https://www.ig-pflege.at/

Das Bundesministerium für Soziales, Gesundheit, Pflege und Konsumentenschutz bietet umfassende Informationen zu Themen der Pflege und Betreuung, unter anderem zum Pflegegeld, zur 24-Stunden-Betreuung, zur Demenzstrategie und zu pflegenden Angehörigen sowie zum Pflegepersonal.
https://www.sozialministerium.at/Themen/Pflege.html

Die Infoplattform für Pflege und Betreuung wird ebenfalls vom Bundesministerium betrieben und bietet einen Pflegewegweiser mit leicht verständlichen Informationen.
https://pflege.gv.at/

Das Sozialministerium bietet auf seiner Website eine Suche nach Sozialeinrichtungen, darunter auch verschiedene Angebote zur Pflege wie Besuchsdienste, 24-Stunden-Betreuung, Pflegeeinrichtungen, Fahrtendienste, Tagespflegezentren und vieles mehr.
www.infoservice.sozialministerium.at

DEMENZ

Die Österreichische Alzheimer Gesellschaft informiert über Themen rund um Demenz, für Betroffene, Angehörige und Fachkräfte.
http://www.alzheimer-gesellschaft.at/

Der Dachverband Demenz Selbsthilfe Austria bietet Demenz-Wissen sowie Aktuelles über Demenz. Du findest eine Übersicht der Selbsthilfegruppen, Veranstaltungen und Termine in Österreich.
www.demenzselbsthilfeaustria.at

VOLLMACHTEN UND VERFÜGUNGEN

Auf der Seite des Öffentlichen Gesundheitsportals Österreichs findest du Muster zur Vorsorgevollmacht, Erwachsenenvertretung, Patientenverfügung, Sterbeverfügung.
https://www.gesundheit.gv.at/gesundheitsleistungen/patienten rechte.html

ADRESSEN UND ANLAUFSTELLEN IN DER SCHWEIZ

BETREUUNG UND PFLEGE

Pro Senectute ist eine Organisation, die sich für die Belange älterer und pflegebedürftiger Menschen einsetzt. Sie bietet eine Vielzahl an Dienstleistungen und Aktivitäten an, darunter Beratung, Bildungsangebote, Freizeitaktivitäten und das Vorsorgedossier Docupass.
www.prosenectute.ch

Spitex Schweiz ist der nationale Dachverband von Spitex-Kantonalverbänden. Die Spitex (spitalexterne Hilfe und Pflege) unterstützt pflege- und hilfebedürftige Menschen dabei, im häuslichen Umfeld zu bleiben, und bietet verschiedene Leistungen an (neben Körperpflege und medizinischer Pflege auch Beratung, Unterstützung bei Arztbesuchen und Haushaltsaufgaben).
www.spitex.ch

Info work + care ist eine nationale Plattform, die die Vereinbarkeit einer Berufstätigkeit mit der Betreuung von Angehörigen erleichtern möchte – und zwar durch Adressen und umfassende Informationen (unter anderem zum Thema Pflege koordinieren, den Alltag organisieren und die Zukunft vorbereiten).
www.info-workcare.ch

Das Schweizerische Rote Kreuz hat unterschiedliche Unterstützungsangebote (etwa für den Alltag, in Notsituationen, Vorsorge- und Nachlassplanung).
www.redcross.ch
https://betreuen.redcross.ch/

DEMENZ

Alzheimer Schweiz ist eine gemeinnützige Organisation, die Betroffene und Angehörige über Begleitung, Pflege und Betreuung bei Demenz informiert. Es gibt verschiedene Publikationen und Beratungsmöglichkeiten.
www.alzheimer-schweiz.ch

Das Angebot der Demenzworld bietet Informationen zum Thema Demenz (unter anderem das demenzwiki, ein Online-Lexikon) sowie Austausch und Vernetzung von Menschen mit Demenz und Angehörigen.
https://demenzworld.com

VOLLMACHTEN UND VERFÜGUNGEN

Die Vorlage für eine Patientenverfügung findest du beim Berufsverband der Schweizer Ärztinnen und Ärzte FMH. Dort kannst du die Verfügung direkt online erstellen (in einer Kurzform oder einer ausführlichen Version).
https://patientenverfuegung.fmh.ch/

ProSenectute bietet ein umfassendes Vorsorgedossier: den Docupass. Dieser bündelt verschiedene Dokumente: Patientenverfügung, Vorsorgeauftrag, Vorsorgeausweis, Testament, Anordnung für den Todesfall. Dazu finden sich auf der Seite viele Informationen.
https://www.prosenectute.ch/de/ratgeber/persoenliche-vorsorge.html
https://www.prosenectute.ch/de/dienstleistungen/docupass/was.html

QUELLEN

WILLKOMMEN IM CLUB:

https://www.demografie-portal.de/DE/Fakten/pflegequote-alter.html?nn=677092

https://www.dak.de/presse/bundesthemen/politik-unternehmensnachrichten/dak-studie-zeigt-reformbedarf-in-der-pflege-sozialhilfequote-in-heimen-bis-2026-bei-36-prozent_48128

https://broschuerenservice.sozialministerium.at/Home/Download?publicationId=704&attachmentName=%C3%96sterreichischer_Pflegevorsorgebericht_2022.pdf

https://www.wzb.eu/de/pressemitteilung/wenn-eltern-hilfe-brauchen

https://www.ifb.bayern.de/imperia/md/content/stmas/ifb/materialien/mat_2014_3.pdf

1.

https://www.apotheken-umschau.de/pflege/pflege-zuhause/die-pflege-der-eltern-unter-geschwistern-aufteilen-952017.html

Cornelia Kazis, Bettina Ugolini: *Alte Bande. Wie in späten Jahren eine Beziehung auf Augenhöhe zwischen Eltern und Kindern gelingen kann.* Xanthippe Verlag, 2023, Seite 61.

2.

Cornelia Kazis, Bettina Ugolini: *Alte Bande. Wie in späten Jahren eine Beziehung auf Augenhöhe zwischen Eltern und Kindern gelingen kann.* Xanthippe Verlag, 2023, Seiten 179, 184.

3.

https://www.thelancet.com/journals/lanpub/article/PIIS2468–2667(23)00048–8/fulltext

https://www.thelancet.com/article/S0140–6736(20)30367–6/fulltext

https://www.spektrum-hoeren.de/gehoer-und-hoerbeeintraechtigung/32-wichtige-studienergebnisse/111-ergebnisse-verschiedener-studien

https://www.uni-leipzig.de/newsdetail/artikel/hoerminderung-erhoeht-risiko-an-demenz-zu-erkranken-2021–04–07

https://www.gesundheitsinformation.de/bluthochdruck-hypertonie.html#Folgen

https://www.kbv.de/html/dmp.php

4.

Peggy Elfmann: *Demenz: Verstehen und achtsam begleiten*. Wort & Bild Verlag, 2022.

https://www.deutsche-alzheimer.de/artikel/deutsche-alzheimer-gesellschaft-stellt-neue-zahlen-zur-demenz-vor-deutlich-mehr-erkrankte-unter-65-jahren-als-bisher-angenommen

https://www.deutsche-alzheimer.de/fileadmin/Alz/pdf/factsheets/infoblatt1_haeufigkeit_demenzerkrankungen_dalzg.pdf

https://www.sozialministerium.at/Themen/Gesundheit/Nicht-uebertragbare-Krankheiten/Demenz/%C3%96sterreichischer-Demenzbericht.html

https://www.bag.admin.ch/bag/de/home/krankheiten/krankheiten-im-ueberblick/demenz.html

5.

https://www.sovd.de/fileadmin/bundesverband/pdf/broschueren/pflege/SoVD_Gutachten_Altersarmut_Frauen2019.pdf

https://www.desideria.org/medien/podcast/folge-26-familienkonferenz

https://alzheimerundwir.com/familienkonferenz-podcast/

6.

https://agesuit.com/

https://alzheimer-mv.de/demenzsimulator/

7.

https://www.desideria.org/medien/podcast/folge-31-partnerschafts-spezial-diagnose-demenz

8.

https://www.malteser.de/miteinander-fuereinander/forsa-umfrage.html

Susanne Mierau: *Füreinander sorgen. Warum unsere Gesellschaft ein neues Miteinander braucht*. Rowohlt, 2023, Seite 191.

9.

Cornelia Kazis, Bettina Ugolini: *Alte Bande. Wie in späten Jahren eine Beziehung auf Augenhöhe zwischen Eltern und Kindern gelingen kann.* Xanthippe Verlag, 2023, Seite 35.

11.

Peggy Elfmann: *Demenz. Verstehen und achtsam begleiten*. Wort & Bild Verlag, 2022.

Wetzel, Ruth: *Was mit Demenz noch alles geht. Personenzentrierte Anleitung Schritt für Schritt.* Ernst Reinhardt Verlag, 2021.

12.

Sarah Straub, Wolfgang Link: *Wohlfühlküche für Menschen mit Demenz.* Riva Verlag, 2022.

13.

Cornelia Kazis, Bettina Ugolini: *Alte Bande. Wie in späten Jahren eine Beziehung auf Augenhöhe zwischen Eltern und Kindern gelingen kann.* Xanthippe Verlag, 2023, Seite 80.

14.

https://www.dasgehirn.info/denken/musik/das-musikalische-gehirn

Simone Willig, Silke Kammer: *Mit Musik geht vieles besser.* Vincent Verlag, 2012.

15.

https://alzheimerundwir.com/ulrike-kreuer/

16.

Katja Werheid: *Nicht mehr wie immer.* Piper Verlag, 2017.

17.

https://www.desideria.org/medien/podcast/folge-39-entscheidungen-treffen-wie-gehts-leichter

21.

https://lifeloveandalzheimers.com/2019/08/24/take-more-pictures/

23.

https://www.meinmed.at/gesundheit/krankenhaus-checkliste/2521

https://seniorenfachberatung-augsburg.de/images/downloads/ratgeber-krankenhausaufenthalt.pdf

24.

https://alzheimerundwir.com/treppe/

https://www.bundesgesundheitsministerium.de/leistungen-der-pflege/wohnumfeldverbessernde-massnahmen

26.

https://www.bundesgesundheitsministerium.de/leistungen-der-pflege/wohnumfeldverbessernde-massnahmen

27.

https://www.gesetze-im-internet.de/fev_2010/__11.html

https://www.gesetze-im-internet.de/fev_2010/anlage_4.html

https://www.dvr.de/praevention/trainings/trainingsangebote/pkw-sht-aeltere-menschen

31.

https://www.wegeausdereinsamkeit.de/

Tablets, Sensoren und Co. Technische und digitale Hilfen für das Leben mit Demenz. Deutsche Alzheimer Gesellschaft e. V. Selbsthilfe Demenz https://www.deutsche-alzheimer.de/fileadmin/Alz/pdf/Broschueren/Tablets_Sensoren_Co.pdf

32.

https://www.dzne.de/aktuelles/pressemitteilungen/presse/soziale-kontakte-staerken-demenzkranke-und-koennen-krankheitsverlaeufe-verbessern/

https://www.aerzteblatt.de/archiv/209444/Sport-als-Praevention-Fakten-und-Zahlen-fuer-das-individuelle-Mass-an-Bewegung

https://www.quarks.de/gesundheit/so-trainiert-sport-das-gehirn/

33.

https://www.wegweiser-demenz.de/wwd/selbsthilfe/blog/kleidung-fuer-senioren-mit-demenz-181324

34.

https://www.destatis.de/DE/Presse/Pressemitteilungen/2023/05/PD23_N029_23.html

https://www.psychologie-heute.de/familie/artikel-detailansicht/39751-die-seele-hat-ihr-eigenes-tempo.html

35.

https://www.bmj.de/DE/themen/vorsorge_betreuungsrecht/vorsorgevollmacht/vorsorgevollmacht_node.html

https://www.biva.de/aus-unserer-beratungsarbeit/verliert-man-seine-geschaeftsfaehigkeit-bei-vollmacht-und-betreuung/

36.

https://www.bmj.de/DE/themen/vorsorge_betreuungsrecht/rechtliche_betreuung/rechtliche_betreuung_node.html

37.

https://www.bmj.de/DE/themen/vorsorge_betreuungsrecht/patientenverfuegung/patientenverfuegung_node.html

https://www.stiftung-patientenschutz.de/service/patientenverfuegung_vollmacht

38.

https://alzheimerundwir.com/liebe-mama-angst/

https://www.advancecareplanning.de/faq/

https://www.egt.med.uni-muenchen.de/forschung/publikationen/abpublikationen-2019/marckmann-mmw.pdf

https://www.ncbi.nlm.nih.gov/pmc/articles/PMC9020146/

39.

https://www.vdek.com/presse/pressemitteilungen/2023/pflegeheim-finanzielle-belastung-steigt-kontinuierlich.html

https://www.deutsche-rentenversicherung.de/DRV/DE/Ueber-uns-und-Presse/Presse/Meldungen/2023/230710-vorauszug-rentenatlas.html

Barbara Bleisch: *Warum wir unseren Eltern nichts schulden.* Hanser Verlag, 2018, Seiten 67, 70.

40.

https://alzheimerundwir.com/vorbereitet-fuer-notfall-hausnotruf/

https://alzheimerundwir.com/notfalldose/

https://www.notfalldose.de/

41.

https://www.abda.de/fileadmin/user_upload/assets/Faktenblaetter/Faktenblatt_Polymedikation.pdf

https://www.kbv.de/html/medikationsplan.php

https://www.kbv.de/media/sp/KBV_Medikationsplan_Flyer.pdf

https://www.verbraucherzentrale.de/wissen/gesundheit-pflege/medikamente/medikationsanalyse-apotheken-pruefen-ob-sich-die-medikamente-vertragen-76005

43.

https://www.apotheken-umschau.de/pflege/pflege-zuhause/die-pflege-der-eltern-unter-geschwistern-aufteilen-952017.html

Cornelia Kazis, Bettina Ugolini: *Alte Bande. Wie in späten Jahren eine Beziehung auf Augenhöhe zwischen Eltern und Kindern gelingen kann.* Xanthippe Verlag, 2023, Seite 248.

Interview mit Petra Wieschalla, https://alzheimerundwir.com/interview-elternkuemmerer-petra-wieschalla/

Petra Wieschalla: *Überlebenstipps für Elternkümmerer. Eltern begleiten, Fallen vermeiden.* Ernst Reinhardt Verlag, 2020, Seiten 82-84.

45.

https://www.die-demenzberaterin.de/not-to-do-liste/

47.

https://alzheimerundwir.com/mehr-selbstmitgefuehl/

https://alzheimerundwir.com/schlechtes-gewissen/

48.

Cornelia Kazis, Bettina Ugolini: *Alte Bande. Wie in späten Jahren eine Beziehung auf Augenhöhe zwischen Eltern und Kindern gelingen kann.* Xanthippe Verlag, 2023, Seiten 268, 343, 357.

Katharina Ley: *Versöhnung mit den Eltern. Wege zur inneren Freiheit.* Patmos Verlag, 2005, Seite 34.

49.

https://www.dza.de/presse/pressemitteilungen/vor-allem-frauen-stemmen-unterstuetzung-und-pflege-von-angehoerigen-in-der-pandemie-staerker-als-zuvor

https://leben-lieben-pflegen.podigee.io/42-gegen-die-einsamkeit

KEIN ENDE, SONDERN EIN APPELL:

https://www.angehoerigenpflege.info/bericht/

https://www.dak.de/dak/bundesthemen/dak-pflegereport-2022-pflegende-angehoerige-brauchen-entlastung-2593820.html#/

https://www.sovd.de/fileadmin/bundesverband/pdf/broschueren/pflege/SoVD_Gutachten_Altersarmut_Frauen2019.pdf

Reimer Gronemeyer, Oliver Schultz: *Die Rettung der Pflege. Wie wir Care-Arbeit neu denken und zur sorgenden Gesellschaft werden.* Kösel Verlag, 2023, Seiten 9, 18, 161.

https://equalcareday.org/angehoerige-der-billigste-pflegedienst-der-nation/
https://www.zqp.de/schwerpunkt/pflegende-angehoerige/
https://www.destatis.de/DE/Presse/Pressemitteilungen/2023/03/PD23_124_12.html
https://www.destatis.de/DE/Presse/Pressemitteilungen/2024/01/PD24_033_23_12.html
https://caas.content.dak.de/caas/v1/media/64758/data/ba0055571628deb22062301330b216a6/240409-download-praesentation-pflegereport.pdf
https://www.vdk.de/assets/bundesverband/dokumente/grundpositionen_vdk/Sozialpolitischer-Antrag-Nr-09-zum-19.-BVT_Frauen.pdf
https://www.vdk.de/themen/frauen/frauen-und-pflege/
https://www.wir-pflegen.net/images/aktuelles/2023/wir_pflegen_-_Stellungnahme_Referentenentwurf_06.03.2023.pdf
https://www.vdk-naechstenpflege.de/wp-content/uploads/2023/05/SPERRFRIST_VdK-Pflegestudie_Abschlussbericht_Februar_2023_inkl_Anhang.pdf
https://www.lebensweltheim.at/images/lwh-medien/dokumente/0655_Caring_Community_LWH_64.pdf

Alle Links wurden zuletzt am 1.5.2024 aufgerufen.

PEGGY ELFMANN, Jahrgang 1979, ist Journalistin und Mutter von drei Töchtern. Sie begleitete lange ihre Mutter, die an Alzheimer erkrankt war, und betreibt seit 2019 den Blog *Alzheimer und wir*, für den sie den Goldenen Blogger erhielt und für den Grimme Online Award nominiert war. Peggy Elfmann ist Co-Host des Podcasts *Leben. Lieben. Pflegen.* von Desideria Care, gibt Lesungen und hält Vorträge, um andere Angehörige beim Pflegen zu unterstützen.